U0927396

台湾郜妈育儿新经 ②

做好妈妈　做好自己

郜　莹　著

二十一世纪出版社集团
21st Century Publishing Group

图书在版编目（CIP）数据

做好妈妈 做好自己 / 郜莹著. -- 南昌：二十一世纪出版社集团, 2015.5
ISBN 978-7-5568-0697-3

Ⅰ. ①做… Ⅱ. ①郜… Ⅲ. ①儿童教育－家庭教育
Ⅳ. ①G78

中国版本图书馆CIP数据核字(2015)第083932号

做好妈妈 做好自己 / 郜 莹 著

责任编辑 凌 云
美术编辑 徐 泓
封面设计 小棉袄
出版发行 二十一世纪出版社集团（江西省南昌市子安路75号 330009）
www.21cccc.com cc21@163.net
出 版 人 张秋林
经 销 新华书店
印 刷 南昌市红星印刷有限公司
版 次 2009年9月第1版
2015年5月第2版
印 次 2015年5月第1次印刷
开 本 889mm × 1280mm 1 / 32
印 张 6
书 号 ISBN 978-7-5568-0697-3
定 价 20.00元

赣版权登字-04-2015-252

目 录

自序

段落分明的妈妈生涯

演讲结束后，我习惯性地请台下的听众提问。一位男士站了起来，一开口就说：

"难怪我太太会受到你的影响，完全变了一个人。你的演讲实在太具煽动性了。"

一听他的口吻是挑衅多于赞美，又看到坐在他旁边的一位应该是他妻子的女人，露出尴尬的神色，拼命扯着他的衣袖想叫他坐下，我愣了一下，心里有了应战的准备，便以微笑来作响应：

"哦，您这次跟妻子来听我演讲，是抱着要来踢馆的目的吗？我好害怕呀！"

听众们听了全都笑了起来，我见那男人原本严肃的神情也因为我这句玩笑话而放软和了一些，于是便转问他妻子：

"你听了我的演讲后到底做了啥改变？我很好奇耶！"

男人的妻子站起身来，面露羞涩地说：

"就是要像你一样能追寻自己的梦想，能轻松地做妈妈也做自己。"

"结果呢？"

那位男士不待妻子回答，气呼呼地接过话茬：

"结果她放着正需要关心照顾、准备中学考试的孩子不顾，自己一个人跑去外面旅行了一个月，回来后又整天不见人影地去参加艺术培训班，还到处去看艺术展览，说是在'追寻自己的梦想'。我劝她能不能消停一段时间，等到孩子考完中学后再去追梦，她却说你讲，人生有梦需及时追寻！郜老师你自己说你这是不是在教坏妈妈！”

面对这位男士“教坏妈妈”的严厉指责，我觉得有些受到误解冤枉，因为我演讲的出发点，只是希望借着分享自身与观察许多能在家庭与事业皆有成的妇女经历，来鼓励妈妈们“有为者亦若是”的，使自己也能在不懈的自觉努力中，将妻母的角色，延展至能达到自我梦想实现、成就工作或事业等多元化参与的角色。

然而，在受束于演讲时间有限和不愿将台下听讲妈妈们刚萌生的决心给“吓回去”的考虑下，我往往无法跟听众去更进一步地说明，在实践做妈妈与做自己的过程中，是有它的泪水与汗水夹杂其中；更是需要有评估决定“何时是要将自己放在前面，何时却一定是要将家人子女放第一”的智慧。

我回视自己与其他能兼顾事业与家庭的妈妈们身上，寻找到一些共同点——

1. 从不会以忙为借口，而忽视用心去关注孩子的教育与成长。我们给孩子的不是剩余的时间，也从不在陪伴他们时是一心多用，而是把与孩子相处的时间，列入重要的议事日程里。

2. 会在遇到问题时，切切实实地去探究其因，花时间心力去找出问题的症结，想办法做到能真正解决问题，而非像一些家长不是以责骂孩子了事，或头痛医头脚痛医脚地含糊处理一下，就去忙自己的大事。

3. 会在孩子成长最关键的时刻，放下一切去陪着他一起走，适时地推上他一把或拉上他一下。

就以那位放着孩子要面临重要考试不顾，一心去追求梦想的事来说，我们不仅不会去犯下如此的错误，并且会用心利用这上帝赐予的大好时机，去开展出另一番跟孩子建立互信互爱的亲子关系。

许多人都知道，我在女儿四岁儿子小学一年级时，就做出抛夫弃子自私狠心去追寻自己梦想的事，但是很少人知道我在儿子要考中学的那一年，放下一切要忙的大事，默默陪伴他一起准备考试的往事。

在那一年中，我停下一切需出差外地或出国的工作，甚至连晚间的应酬或亲友相聚的活动都不参加，因为在那一年中，我除了要每天仍维持早上五点起床为孩子做早餐与午餐盒饭的习惯，还增添了黄昏时要为在学校夜读的儿子送晚餐和做夜宵等夜读儿子归家的工作。

有许多夜晚，我因为白日工作的繁忙劳累，忍不住在客厅沙发上打起瞌睡，但耳朵却仍惊醒地竖在那里，只要一听到儿子钥匙插入门孔的声音响起，我就会立刻装做精神抖擞的模样，用充满元气的声音对儿子说：

“回来啦，今天辛苦啰！想要吃些什么妈妈帮你去做。”

然后，利用他短短沐浴的时间，去做出既营养又便于消化，口味每天都有所变化的食物，并做个好听众，听他一面吃夜宵一面跟我说些他今天心情的喜怒哀乐……

每每等他吃完说完，我再把那些残羹脏碗收拾清爽上床，都已到凌晨一点钟。

丈夫和朋友们都劝我不必如此辛苦为儿子等门和亲手做羹汤地伺候他那“第四餐”，建议我不妨多给他一些钱，让他在归家的路上买些他自己喜欢的东西来吃，搞不好还更能博其欢喜，我也可以省心省力，但我却不以为然。

因为我认为孩子想要的，不仅只是那可口饱腹的食物罢了，他更需要的是一种“父母爱的饱足”。

我以易位而处的心去揣测，如果当孩子在经历了一天埋首书堆、应付大大小小的考试，带着满身疲倦甚至挫折回到家时，面对的不是家人皆睡的黑暗寂静，而是一盏明灯，一张妈妈温暖迎向他的笑脸与特别为他烹调准备的食物，一对安静聆听他抱怨诉苦的耳朵，相信必定能带给他心灵上极大的安慰，与“我并不孤独，有妈妈陪伴我面对困难险阻、一起作战”的温暖吧？！

后来儿子大爆冷门地考上一所名校中学，不仅让当初不看好他的学校老师大感惊讶，这段“为儿子留盏灯，灯下候着个妈妈”的往事，也成为稳固我们母子感情的一块磐石。

因为儿子知道，虽然妈妈不会像一些妈妈那样，随伺身旁给他无微不至的照顾，但是妈妈会“看见”他的需要，在他的人生关键期，给予他最贴近他心意的真正支持与帮助。

“做妈妈也能做自己”的观念绝对不是教坏妈妈，也不是遥不可及的梦想，而是一个能激发妈妈们去培养如何能在不牺牲自己与丈夫孩子的前提下，激发出让自己能拥有不同时段需努力扮演的角色能力与智慧。

这本书就是我想跟你分享的在我段落分明的妈妈生涯中的一些省察与体悟。

我相信我能完成的妈妈生涯规划，你一定也行！

第一章
“追新”还是“守旧”

合乎传统中国文化教养的妇女，她的人生方程式是从父、从夫、从子。在进入21世纪新中国后，却有不少妇女在自己的人生中添进了从自己、从工作与事业、从社会潮流，开始用新的价值观来对待自己的一生。

这两种选择不同方式面对自己人生的妇女最大的差别，一是活在“单一”走向的生涯，一是企图走出自己多元化的发展路径。我们可见到，不少疲累不快乐的女人，茫然彷徨于不知该“追新”还是“守旧”。

1 用不一样的爱来爱你

郜妈爱说笑

老张是个有名的赖账鬼，许多店家都吃了他赖账不还的亏。

一天，老张居然走进了他赖了大笔账款未还的酒吧，痛痛快快地付清了所有欠款。大家在看得惊讶之余，忍不住问酒吧老板是如何让老张愿意痛快还账的。

老板说：

“我只不过是从我女儿写信回家向我们要钱的信里，摘了几段情深意切的讨钱话罢了。”

郜妈侃一侃

女儿：

昨晚与你发生争执，你恶狠狠地抛下话：

“你以为你这个妈当得有多完美吗？你是没有去看看别人家

的妈妈对孩子照顾得有多周到，你只有在照顾哥哥时才像个好妈妈！”

这句话如同那扇被你猛力关上的房门般，“砰”的一声震动了我的心，让我陷入震惊、生气与沮丧的情绪中，直至凌晨四点始昏昏睡去。

乍然惊醒时，看到床头未定上叫醒装置的闹钟已指向七点半，我连忙从床上跳起冲进你的卧房，发现你已出门上学；我又赶紧奔向厨房拉开冰箱，看到昨晚为你准备的盒饭你也已取走，只遗漏了每天都需我递到你手上你才会带上的水壶。

在知道你没有因为我忘了当妈妈闹钟而上学迟到，也不会因没有带盒饭而饿肚子，我的心这才算安定下来。稍事梳洗后打开计算机准备展开写作，但思绪却如何也无法集中创作，我想那是因为我还记挂着昨晚你所说的话，我希望能跟你说清楚讲明白，让你在了解到妈妈的难处后能生出体谅的心。

包括你和哥哥在内，在许多人的眼中妈妈都是一个将事业放在第一的女强人，所以如果我跟你说，妈妈其实最想做的，是一个丈夫能替我撑起一片天，我可以躲在这片天下，安逸地做个伺候丈夫孩子起居生活的家庭主妇的话，你一定会大感吃惊不肯相信吧？

我是在嫁给你的父亲后才知道，你父亲期待婚姻中的另一半，不仅仅是个只安于家庭儿女的“纯”主妇，而且希望我也能拥有一份可以打发时间、薪水多寡不拘的“半”职业妇女。

然而在现今这人浮于事的社会，想要找一份能轻松打混的工作谈何容易；更何况我自幼所受的家训是——凡事都得认真以待；加以你幼时那场突如其来几乎危及生命的重病和你父亲多次遭逢车祸，样样都让我有人命脆弱难以倚赖，怀有万一哪天顿失丈夫这经济支柱，靠我独自一人将如何把你和哥哥抚养长大的压力。

这些都是逼使我后来致力于走出一条写作路的原因。

而这十余年来我独自一人在大陆偏远地区从事旅行采访，背着二十多公斤的行囊走上几个小时的山路，清晨摸黑搭车赶路，常深夜始抵另一陌生之地，与跳蚤臭虫同眠，和蛆虫共厕，以极简食物果腹，必须将旅途中的挫折辛酸与孤独害怕独自吞饮……

回到台湾后规定自己每天一定要写出五千字以上的作品，往往写得头颈肩膀坚硬如石，即便躺卧于床，脑中回旋的都是写作之事，久久难以入眠，而结下失眠痼疾。也因为长时间地钉在书桌前和旅行中背提重物，造成脊柱变形，经常腰酸背痛。

这些肉体与精神上的痛苦孤寂，我从不轻易向人倾诉，甚至在作品中都极少提起。现在向你说出，并非是想要向你诉苦来博取同情，而只是想要让你明白，我虽然在家期间，多半无需如其他母亲般起早赶晚上下班，但我日常的工作量与所需耗费的心力却绝对不少于任何的上班族，甚至比许多人还要来得拼搏，因为我是自己的老板，我无法逃过自己的眼睛，让自己有任何摸鱼和打混的机会，我必须全力以赴。

但是我却又希望，自己能同时兼顾到做个好妈妈。

可是我清楚，自己只是个凡人，无法做到如圣人般长期无怨无悔地去承担那份来自家庭与工作上的压力，我只有去做选择，选择让自己虽然不能在生活起居照顾上，像其他妈妈那般的仔细周到，但我希望，我能给你和哥哥另一种不同的母爱，做一个能提供给儿女品德典范、宽大思维，能谈心说话，可以在人生路上或许无法随伺左右，但绝对肯用心陪伴你和哥哥一起欢笑、伤心哭泣与成长的妈妈。

这种妈妈或许不能尽合你现在的期待，但我期盼在未来你能感受到我的妈妈心。

我常感谢上帝的恩典，赐给我一对可以带给我感性的温暖和理性谏言的儿女。尤其是你我更是充满感恩，因为从小到大你除了幼时罹患的那场病让我伤神外，学习优秀、性格稳定的你一直是个让人省心的孩子。

但大概就是因为你太过于让人省心了，因此我花费在照管你的心力上的确比哥哥少上很多，这应该就是你之所以认为我偏爱哥哥之因吧。

就拿日常饮食来说，由于你几乎从未因为心情不好或疲累而放弃一顿食物，不像哥哥经常会因不同小事而做绝食抗议。

像昨天你明明显出十分气愤悲痛的模样，但你却仍能在一边哭一边跟我吵架的情况下，把你喜爱的枇杷吃得一颗不剩。这样的孩子，相信换成是任何一家的妈妈，应该都会犯下觉得你不需要去费心照顾的错误吧？

对了，顺便一提的是，那枇杷可是妈妈在出差时，特地从专产特级枇杷的产地买回来的，一斤的价格是一般枇杷的三倍。如此“高贵”的水果，妈妈是如何也舍不得买给自己享用的，但是因为知道你喜欢吃枇杷，所以妈妈还是荷包大出血地买了四斤一路手提回家，这事如果让哥哥知道了，大概也会为之吃醋责怪我偏爱你吧？

还有妈妈好像“不太关照”你之因，也是由于你凡事自有主见，在自己认定好或不好、要或不要后，对于旁人的意见通通不肯考虑。不像哥哥，虽然也会对我们提出的意见提出质疑反对，但在事后多少会放进心里去琢磨琢磨，然后再去作选择决定，所以如果换作你是妈妈，你会愿意跟哪个孩子多说些事呢？

跟你说了这么多，其目的就是希望能让你可以再多了解妈妈一点，明白妈妈爱你的心跟爱哥哥以及其他妈妈爱孩子的心都一样，只是表达爱意的方式有所不同罢了；当然也是期盼你能体贴容许妈妈能按照自己最自在和能力所及的方式来做你和哥哥的妈妈。

因为妈妈在学习做妈妈也同时观察其他妈妈与孩子互动的过程中，领略到只有做自己能接受和能力所及方式的妈妈，才能有把握一路行来始终如一，没有怨尤疲累不平心，唯有欢喜轻松自在地扮好母亲的角色。

用不一样的爱在爱你的妈妈

郜妈老实招

许多时候我们对于孩子说不出或说不清的情感想法，可以透过一封情深意切的信来做清楚传达。

写信也不似言语，会发生来不及煞车或言不由己的错误。因为在写完信后，往往会再看上一遍，这再看一遍的情况下，较易发现自己用词的不当，并检省到有哪些话语对爱的杀伤力而能予以修改去除。

一封好的家书可以让孩子从不同角度来认识父母，是一个安静的心灵交流。

提起笔来给孩子写信吧。

2 做个大自由的“不良妇女”

部妈爱说笑

谢先生身受妻管严之苦，不论他到哪里去，谢太太都会如影随形地跟着。

有一天，谢太太的妈妈突然打电话来说身体不舒服，要谢太太回娘家一趟。谢先生在谢太太前脚刚出门后，便打算抓住这短暂的自由出外逛逛。

他打开衣橱拿出最登样的西装穿上，并习惯性地把手伸进口袋里摸一摸，看看里面有没有妻子没有搜去的钞票。

结果钞票没摸到却摸出一张纸条，上面是谢太太的字迹：

“你穿得这么整齐，想到哪儿去？”

部妈侃一侃

我的大学同学王美利是班上唯一一个嫁给老外和番的人。

跟个绿眼睛红头发高鼻梁的“阿凸子”（台湾人对外国人的称呼）结婚，在三十多年前的台湾可是一件要闹家庭革命的事，因为在几十年前美国派兵驻守台湾的那个年代，会跟阿凸子搞在一起的，都是一些不正经的酒吧女；加以交通不便，一般人出国困难。因此在父母心中，要将女儿嫁到美国，就如同当年王昭君去西域和番，是此地一别，再见困难。

所以王美利可是使出了一哭二闹三上吊的狠招，才总算让父母含泪送嫁。

王美利辞掉了令人羡慕的高薪工作，跟那阿凸子结了婚，在要飞到大洋彼岸去生活的前一天，王美利的父母在惜别宴上要阿凸子女婿摁着圣经发誓，一定要对王美利好，因为——

“我女儿可是放弃了那么好的工作，远离父母跟你去美国，作了好大的牺牲呀！’

没想到这个不上道的阿凸子居然说：

“不是！不是！我不认为这是什么牺牲，在我看来，这只是你女儿的一种选择。”

阿凸子的话不仅当场让岳父岳母为之气结，也让王美利心里有了个阴影，深恐自己的牺牲得不到丈夫的感恩图报。

直到后来王美利被浸在美国的思想大染缸里腌了一段时日后，她才认识到美国人在人际交往中，只会尊重你的选择，而不会承认你的牺牲。

也就是说你作出的所有决定，都必须符合你自己的心愿，如此与人打交道，才会拥有真正的自由平等，同时也才能赢得他人的尊重!!

我在听到王美利跟我分享美国人的“不作出牺牲才能谈自由平等”的观念后，恍然大悟到，怪不得即便是在美国的肥皂剧里，从未看过做妻子、母亲的对着丈夫儿女或泪水涟涟地哀叹，或声嘶力竭地怒吼：“你不知道我为你付出有多少，牺牲有多大吗？”

然而，在中国人的观念中却认为牺牲是人际交往中必备的一项美德，尤其是在家庭里。

一个妻子、母亲，如果不能为丈夫儿女牺牲，就绝对不是个好妻子好妈妈，家中若有如此一个坏女人当家，这家庭肯定不得幸福美满。

然而真是一定要经由某个人的牺牲，才能换得一个圆满吗？

又为什么一定是要由女人做牺牲呢？

我从小对自己人生的蓝图规划就是把自己嫁掉生上几个孩子，然后以伺候丈夫与教养孩子为主业，却未料到丈夫却认为我将自己定位在做个家庭主妇是大才小用：

“你的父母将你培养到大学毕业，绝对不止希望你仅是做个家庭主妇。”

我很庆幸嫁了个不要求我牺牲的丈夫，丈夫也额手称庆当初自己的英明，没有要我为家庭子女作出牺牲。

由于丈夫的开明作风，让我能在发挥所学所长做自己之时，体会到如果没有经济上的独立，就不可能作出真正符合自己心愿的选择，也就不可能赢得他人长久的尊重，懂得如何在世俗价值与内心丰足、传统与自主间取得一个平衡点。

同时也因为没有牺牲情结作祟，相对地在不好意思要求丈夫和孩子的报恩下，让彼此的相处更轻松自由与平等。

每个人对于角色标准的认定不同，因此并非所有妇女都能接纳反传统妇女定位的观念，所以在决定是否能“使坏”之前，最好能诚实地对自我做个评估检视。

1. 我对目前的家庭生活形态满意吗？

2. 我是否曾说过或想过：哪一天当孩子大了、自己退休了、存够了多少钱……我就可以如何如何了。

3. 如果被宣判得了不治之症，会不会有“我还没有享受人生”、“我这一生就这么为别人而活了吗”的遗憾？

4. 对目前为丈夫孩子家庭所做的一切事，都是完全出自于自己心甘情愿的选择，绝对不是为对方牺牲奉献的心理吗？

只要对其中任何一项心生犹豫的话，那么恭喜你有使坏的“基因”。

郜妈老实招

想要能做个让丈夫孩子不怪反爱的“坏女人”，首先须做到的——

1. 厚脸皮：不在乎旁人用好女人标准来衡量你、批评你，甚至可以在回应旁人批评指责时，坦然承认道：“对，我清楚自己就是做不到。”

2. 不求全：除了一些自己认为极重要的大事或为人处世的重大原则要坚持外，其他事就这样想：“不这样又不会死人！”

3. 宽以待己与待人：让自己拥有选择的自由，也同时尊重旁人有自由选择的权利。

4. 要认清理想人生的真貌：是永远活在真实与虚幻之间，接纳经由自己选择后所面临的得与失，不迁怒旁人也不贰过。

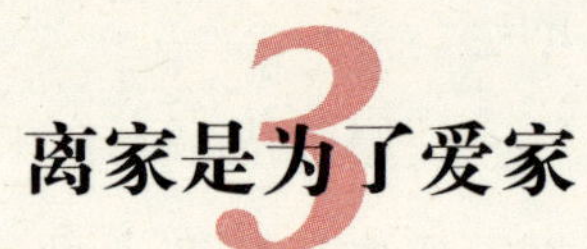

3 离家是为了爱家

郜妈爱说笑

一个女人跟她的手帕交们谈到婚前婚后生活上的差别：

“婚前和婚后最大的相同处是，我通常都要过半夜后才得安眠；最大的不同是，婚前我是要等到赖着不肯回家的男朋友半夜离开，婚后则是要等赖在酒馆到半夜才肯回家的丈夫回家。”

郜妈侃一侃

去贺朋友乔迁之喜，巧遇自结婚为娘后就人间蒸发的女友鸿，一阵热烈拥抱寒暄后鸿伏在我耳畔悄声对我说：

“等下请你到我新家。”

我惊讶地大声嚷道：

“你搬……”

下面的话就被鸿制止的手势给吞回肚里，她神秘地对我眨眨眼说：

“不要对旁人说起，尤其是我丈夫。”

抱着一肚子的疑团我来到鸿的新家，新家离她旧家仅相隔一地铁站的距离，是一个50平方米的小套房，月租800人民币，鸿笑称这小屋为她的“金屋”，金屋里藏的除了她这一“娇”外就是整片的书墙和一部计算机。

以为她辞去了工作要成立自己的工作室，她却说仍在原单位任职，会离家租上这个小屋全然是因为爱家。

引发她这奇怪的“离家是为爱家”思想，起源于她在为人妻母后的第三年，她第一次在非上班日里单独出门，当她坐上驾驶座扭开车上音响，让自己所喜爱的久已未闻的音乐充满在独自一人空间的那一刹那，她竟流下泪来，因为在那一刻，她深深感受到能任由己意所主宰的“我”总算又回来的愉悦。

这个经验让她觉悟到——

即使再爱自己的丈夫孩子，仍然要给自己离开他们的机会，给自己一个做“我”的空间。

因为唯有在这样的一个空间里，才能让自己去作休息与调整，让自己能静心去感受生命中的不同面相，然后再产生爱的能量去应对婚姻与生活中琐碎的俗事。

于是她便开始偷偷地去给自己寻找一个可以离开家，让她身心可以得到真正安养休憩之所。

她拥有这个她丈夫与孩子都没造访过，甚至根本不知道它存在的金屋已有一年多，我是第一个受邀来访的客人。

“我会邀请你来的原因，是为了感谢你曾跟我分享——离家是为跟家人能走更长远的路的观念。”

离家是为跟家人能走更长远的路，是我常在跟妈妈团体演讲时一定会说的一句话。

我会建议妈妈们每年一定要给自己一个“独自一人旅行”的机会，每周要给自己一个“独自去喝下午茶或逛街看电影……”的半天假。

我尤其最倡导“自己一个人去旅行”，不跟家人、不带孩子、不要丈夫做伴、不要朋友同事邻居……通通都不要，就是自己一个人，或参加旅行团或自助游。

在这样“自己一个人”的旅行中，你不再是某太太、某妈妈、某人女儿、朋友同事眼中的某某……

你就是你，一个不必活在旁人期待心、批判眼光下的真自己！

在这段做“真自己”的旅行中，因为“心无旁他”的干扰，容许自私、放形无罪，不仅有助于身心放松，且能在放空的状态下，得以去静心省思过往、高瞻未来，会是一个对自我成长的极好充电之旅。

而这个旅行归来充满热情电力的妈妈和妻子，会带给家庭多大的光亮和温暖可想而知。

不过言者谆谆听者寥寥，许多听讲的妈妈在听的当下都动容不已，然而当激情随着我的演讲结束时，她们又开始把传统贤妻良母的枷锁套上身，认为连有这种善意离家的念头都是罪恶，更遑论将其付诸于行了，最后导致一些妈妈们在忍无可忍下，演变为“恶性”离家。

这种恶性离家的类型粗分为两大类，一为形体的离家出走，一为情感的与家疏离。

情感与家疏离的妈妈虽然在形体上并未离开家庭，但她们会用大量的抱怨、冷淡或暴力的言语行为，来强烈表达对家庭成员的不满与疏离。

然而为什么在理智上许多妈妈都明了有计划的善意离家，是可以疏导恶性离家积怨的良方，但却仍觉得“走不出去”呢？

其原因之一多半是受限于将育儿、家务视作是自己的事，所以即便心有所不甘，却也容忍丈夫在尽家庭义务职上缺席；并且也一心认为若妈妈离家自寻快乐对孩子不起，或担心丈夫知道了会觉得不开心……

也有妈妈是因为不知道离家以后，有哪些地方可以让自己放轻松，所以往往就怯于跨出那善意离家的脚步。

其实只要能突破自我设限的心防，有心去正视自己的喜好需求，敢于用理直气壮的方式，来表达自己内心渴望做自己主人的意愿，你会发现可供妈妈们休憩、独处、思考、分享和做自我成长的小天地其实有很多。

郜妈老实招

因为孩子还太小或是有某些不方便做善意离家出走因素的妈妈，可以给自己在家里布置一个“自己的空间”，当然最好是能拥有一个可关起房门独处的小房间；或一个可以放置一张桌椅、计算机、书籍、音响等器物，能让自己放松心情的角落；再不济也要能拥有一张放置在卧室或客厅的椅子，并且跟丈夫孩子和其他家人讲好，当你觉得疲倦或心情不好，想要暂时躲避到“自己的空间”时，请他们能给予尊重了解。

一开始家人会不能理解甚至不太配合你“在家闭关”的需要，会给予言语和行为上的干扰，你必须坚持——身在家但心不在家的决定，对于外界干扰不予理会退缩，渐渐家人在理解你的坚持并体会到你在经过这段在家闭关后，在情绪和心境上有所改善，自然也就会尊重你的善意离家行为。

4 放给丈夫“带坏”孩子的机会

郜妈爱说笑

一个男人推着一辆手推车，里面坐着哭闹不已的孩子。只见此男人不停地喃喃道：

“不要生气，阿杰，千万不要生气，阿杰……”

一位女士趋前向他致敬：

“先生，你对孩子真是有耐性，可是你的孩子阿杰好像不听你的劝耶！”

男人的回答让人吃惊：

“这位太太，我才是阿杰。”

郜妈侃一侃

由于周遭一些亲友的孩子频频出大状况——

骑机车撞伤行人、跟同学打架、逃学旷课、迷恋网络游戏、未婚怀子……

相较之下，我家两个大过不犯小过偶有的孩子，于是在众父母眼中成了楷模典范，丈夫在得意之余忍不住自夸道：

“这全然是‘种好’和拜我‘无为而治’的教养之功。”

与丈夫感情最好的女儿，却给自吹自擂的丈夫泼上一盆冷水：

“爸，我们之所以能没变成问题孩子，完全是妈妈的教育督导之功。”

我在感恩总是狗嘴里吐不出象牙的女儿总算说了句“人话”之余，其实也在心里替丈夫喊冤，因为他之所以会让孩子有“没尽管教之责”的错觉，全然是因为在家中经常表现出母仪天下的我，没放给他太多教养孩子的机会。

我总是防丈夫如防贼般挡在他和孩子中间，唯恐他跟我唱反调、让我唱黑脸他扮白脸、溺爱放纵、破坏规矩……

后来跟其他妈妈交换育儿经验时，也发现天下的妈妈都是一样的，几乎十个妈妈中有九个妈妈都是将爸爸视作“教养杀手”。

“孩子上课讲话被批评了，我丈夫居然跟孩子说没关系。”

“孩子贪玩功课没做完就想睡觉，我丈夫也说没关系，就让他睡。”

“孩子学习成绩退步了，我丈夫居然说没关系，就是一次考试嘛。”

“孩子不肯乖乖喝牛奶，我丈夫竟然就帮着他偷偷把牛奶给倒掉。”

“明明睡觉时间到了，我丈夫还跟孩子扯个没完。”

“孩子都嗓子发炎了，我丈夫还让他吃冰糕。”

……

总之，爸爸们在妈妈们的心目中，总是扯后腿地破坏妈妈好不容易建立起来的规矩，是让孩子觉得有漏洞可钻的毒蛇猛兽。

于是情愿自己辛苦一点、累一点，万万不敢轻易把教养重责放给如此长不大、丝毫没替孩子未来着想、一点当爸爸的意识都没有的丈夫。

如此大包大揽下，诸如替孩子找学校、跟老师与孩子同学家长建立好关系、督促孩子课业学习、照顾生活起居的妈妈做了七年后，因为工作必须至国外出差两星期，于是花了整整三天时间去买菜做菜，将十四天二十八餐五十六个菜都给整治出来，用五十六个保鲜盒装好贴上菜名标签置放于冰库内，并在冰箱门上写下十四天的菜单。

千叮咛万嘱咐丈夫一定要按着菜单出菜，记得要搭配成绿色蔬菜，才能达到营养均衡的饮食目的。出门前更是跟丈夫耳提面命，要他遵守每晚要让孩子准时上床睡觉的规矩。

十四天后归家打开冰箱，发现五十六个保鲜盒纹丝未动地保存在冰库内，质问丈夫的结果是——

“太麻烦了，还要花时间去热，吃完还要清洗餐具，不如买现成的吃来得方便。”

问孩子妈妈不在家时爸爸给他们吃什么，孩子们喜滋滋地掰着小指头说：

“麦当劳、肯德基、盐酥鸡、米粉汤、黑白切……”

全都是平日被我认为是“一点营养都没有”的垃圾食物！

又问孩子每天是否九点就乖乖上床睡觉，两个小家伙不好意思地嘿嘿一笑。

气愤丈夫居然把我的吩咐视作耳边风，丈夫却争辩道：

“没吃你做的营养均衡的菜，没按照你规定的时间上床睡觉，会死人吗？”

我一下愣住了，是啊，的确没死一个孩子，而且看起来仍健康活泼得一如“有妈妈照顾”的日子。

丈夫见我半天不说话，脸色也由阴渐渐转晴，就大着胆子又继续发表了他的高见：

“偶尔也要给孩子‘放暑假’，让他们有机会去过些‘不正常’的日子放松放松，享受一下只有童年才能享受得到的那种单纯快乐嘛！”

丈夫的话真是具有一语惊醒梦中人的效果，记得我在做孩子时，我的父亲也是专门带我们这些孩子做坏事的——

避着母亲让我们去租看小人书，在吃饭前给我们零食吃，放纵我们去跟军队大院里的男孩玩骑马打仗，功课太多写不完时帮忙写，带我们出去玩时把要来买正餐的钱让我们买冰棍吃……

爸爸带我们干的坏事还真多，但是我们好像不仅没有因此学坏了，反而这些“坏了规矩的事”成为我们在怀想童年往事时最温馨快乐的回忆。

不知道是否因为孩子是妈妈怀胎十月生下来之故，做妈妈的总是会为孩子多想上一点、多担心一点，于是便有了许多不免失之严苛的妈妈规矩；而爸爸或许是因为不曾有妈妈和孩子“共为一体”的十月怀胎经验，因此往往就想得没那么多、考虑得没那么远，在妈妈们眼中：“好像这个孩子跟他没血缘关系似的”，较宽松甚至失之宠溺放纵的“爸爸道理”。

但不论是妈妈规矩或爸爸道理，其出发点都是爱孩子，谁也没把握敢拍着胸脯作保证，说按着自己的道理去照管孩子准没错。

像妈妈抱怨：

“孩子上课讲话被批评了，我丈夫居然跟孩子说没关系。”

爸爸说的“没关系”，很可能只是要向孩子表达“没关系，我相信你下次不会再犯”的信任。

妈妈生气：

“孩子贪玩，功课没做完就想睡觉，我丈夫也说没关系，就让他睡。”

爸爸的“没关系”则是认为：“孩子没做完功课去睡觉，受老师处罚的是他，不是父母。”……

都是为孩子好，只是选择的教养观点不同罢了，有时太多的考量横在心里反而会失之固执，对孩子未必是好。

所以，偶尔让孩子放个“暑假”，将孩子放给爸爸去“带坏”吧。

部妈老实招

做妈妈的即便是再不满意爸爸“带坏孩子”，也千万不要在孩子面前批评爸爸，或跟爸爸起争执，一方面是要给爸爸“留面子”，二方面也是不要去打击爸爸带孩子的乐趣与信心。

一切对爸爸的不满意都留到“枕边细语”，先感谢他肯花心力时间带孩子，再谈自己对他教导孩子方式的一些疑惑，给爸爸有解释其做法的机会，也让自己可以用另一种较开阔的方式来教导孩子。

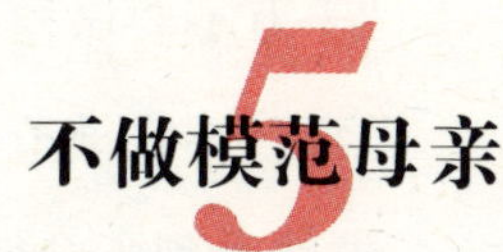

5 不做模范母亲

郜妈爱说笑

妈妈得了小区“模范母亲”荣誉，她的孩子与丈夫以次日不必她早起做早餐来作为恭贺。

次晨，她被厨房飘出的阵阵诱人的早餐香味给弄醒，高兴地等着孩子或丈夫给她端来早餐。然而等了又等都不见早餐端到床上来，她忍不住走出房间进入到餐厅，只见父子二人坐在餐桌旁，每人面前放着一大盘火腿蛋。

孩子对她说：

“这就是我们送给您的礼物——我们给自己做饭了！”

郜妈侃一侃

外甥女弄瓦之喜，我们这些做长辈的商议好了，除了送物质上的礼金外还要奉送上一句老人言。

当我这做大姨妈的开口赠言时，在座的婆婆妈妈们几乎都要从座位上蹦起来。

因为我说的是：

“千万不要做模范母亲！”

“自己不肯模范就算了，还要教坏小辈……”

虽然看到了众婆婆妈妈们脸上、眼中写着这句责难的话，但我仍不知死活地继续发表我的谬论：

“你们想想看，每年母亲节当选模范母亲的妈妈，不是死了丈夫独自辛苦带大孩子，就是某一个孩子残疾……总之都是必须要较其他母亲更千百倍地含辛茹苦，才能具备当选模范母亲的资格，这样的妈妈你想要当吗？”

其实，“夫死子残”仅是做模范母亲必备的先天条件之一，后天条件还必须具有——勤俭持家、不言辛苦软弱……十个手指头都数不完。

台湾一些妈妈们因此早早意识到，自己就算如何努力打拼，都还要有那个子贵母才荣的命才能登上模范母亲的荣誉榜，所以干脆就破锅破摔地倡导“不模范”妈妈。

我第一个认识的不模范母亲是四十余岁、当女儿正在为高考冲刺时自己也同时去报考研究所的程妈妈。

程妈妈不仅没如其他妈妈般，花大把时间心力去伺候在准备高考的女儿，还扰乱军心地向孩子大叹自己在离开学校二十年后要重入考场，因害怕失败而想放弃不考的忐忑不安之苦。

程妈妈在一时冲动下向女儿吐了苦水后，常驻脑袋一角的模范妈妈就跳出来指责道：

“未尽帮孩子鼓励打气的母责也就算了，还好意思向孩子去承认自己的害怕软弱。”

幸而程小妹的一封信，及时解除了模范妈妈指责之言所造成的程妈妈的内疚感。

程小妹在信中鼓励母亲只要努力去准备，不需要太把得失放在心上，因为不论考上与否，她对于母亲“这把年纪了”，居然还有勇气和决心去追求再成长，都要给她——拍拍手、放烟火。

曾参加一位长辈许妈妈的金婚庆典，在喜宴中许妈妈应邀致词时向自己的老伴许伯伯深深鞠上一个躬，再向孩子们也鞠上一个躬，感谢丈夫和孩子多年来对她“不够模范”的包容。

许伯伯和子女们都愣住了，过了一会儿许伯伯拍拍老伴的手说：

“我才要感谢你呢！就是因为你的不够模范，所以我们家才能如此和乐。”

因为许伯伯看到他周遭许多模范太太、模范妈妈在全心努力朝向“模范”目标奔时，也相应地会要求丈夫孩子，能同心协力地在职位薪水、考试成绩上“模范”起来。而他们家因为许妈妈不要求自己模范，所以她不会去抱怨比较自己丈夫是否及得上模范的标准，也不会去苛责孩子的成绩、工作或婚恋对象是否能为人典范，让没有比较与要求压力的家人都能开开心心地过日子。

我很庆幸上天也赐给我如程小妹和许伯伯般，能放纵我当个不模范母亲的儿女和丈夫。

在儿子念小学一年级时，我在跟他谈我害怕自己到了年老却未及完成梦想就得面临死亡的恐惧不安时，他给我“妈妈你快乐我就快乐”的鼓舞。

当我受困于与儿子青春期风暴交战的痛苦，向女儿诉说我情感上的受挫与失落，以及质疑自己做好妈妈的能力时，女儿对我安慰道：

“妈妈，这个年龄的孩子都是这样的，哥哥如果不这样闹腾就不正常了。”

让我在安心拥有一个“正常孩子”的情况下，能静心去陪伴等待孩子“自己走过来”。

在我面对工作上的困顿时，儿子会引用《圣经》上的话语来安慰我：

“妈妈你不要依照你的时间表来行事，只要专心去做好该做的事，上帝会按照他的时间表给你最好的成就。”来让我安心等待。

女儿会在我为人事纠葛烦心，怨叹旁人负我之时要我：

“去想想这个负你之人，一定也曾带给过你一些快乐喜悦。”

让我能把带锁的心门转换成为一个旋转门，轻轻一推，转悲为喜、转苦为乐、转迷为悟；将挫折与痛苦转出去，让爱与希望转进来，在转的过程中去寻找光与热，去感受爱孩子与被孩子爱的幸福。

能做一个“不模范妈妈”真好。

你会发现，因敢于向儿女表现出自己不够模范的一面，而让孩子有机会去了解父母也会有凡人的难处与软弱，让孩子不单单仅能处于受惠的地位，也可以像大人般地给予妈妈疼惜与关怀；也因此让自己和孩子都能在没有“满分”或“模范”的压力下，拥有可以自由发挥的快乐空间。

郜妈老实招

自己不想也没能力做“模范母亲”，就不需也不能去要求孩子做“模范生”，让彼此都能保有“不模范”的空间去自由挥洒。

6 放弃你是因为爱你

郜妈爱说笑

小琪好奇地盯着姑妈的大肚子问："姑妈，为什么你的肚子这么大？"

姑妈："因为有个小娃娃在姑妈肚子里头啊！"

小琪："你喜欢你肚子里的那个小娃娃吗？"

姑妈："当然喜欢啊！"

小琪听了露出不解的神色说："既然喜欢，那你为什么还要把他给吃进肚子里去呢？"

郜妈侃一侃

喜宴中，新郎再婚的母亲张女士，代表男方家长致辞，她先深深向前公婆鞠了一个躬，感谢他们既兼父职又兼母职地替她和去世的丈夫养育孩子。

与张女士相熟的朋友听到她的致辞后，忍不住流泪道："真是难得能有如此圆满的结局！"

张女士生下孩子不久，丈夫就罹患了急性脑膜炎，公婆担心儿子的钱被媳妇卷走，不仅假借痴呆的儿子之名休了张女士，并跟她抢夺孩子的抚养权。

张女士的母亲劝她放弃争夺孩子在身边的权利，理由是以张女士忙碌的工作和不稳定的收入，绝对无法提供给孩子良好的生活环境；而反观她的公婆，不仅经济条件比她良好，未工作的婆婆也能在家专心照养孩子。

“既然爱他，就要忍痛去放弃对他不好的。”

张女士于是放弃了抚养权，保留了探视权，开始做起“假日妈妈”。但每次送孩子回前婆家时，孩子都会死命地抱住她的脖子不肯松手。

觉得“对不起孩子”的张女士为了让孩子认为“妈妈是最爱他的”，常敞开腰包，让孩子爱买什么就买什么。前公婆在看到她每次送孩子回来时，孩子手上捧的怀里抱的都是一些“违禁品”，接下来几天孩子也变得吃饭不乖、管教不听，特别难带，加以担心孩子会在银弹攻势下倒向他母亲。为了挽回孩子对他们的向心力，就在孩子面前数落张女士的不是。

为讨爷爷奶奶的欢心孩子开始学会在双方面前告对方的状。在孩子的谎言煽动下双方都动了气，公婆便每到周末就将孩子带出家，让张女士连连扑空；打电话去找儿子听电话，也被回以睡觉了、在洗澡、被带出去玩等各种理由不得通话。

娘家妈妈劝女儿不要意气用事：

“大人们如此情绪化的争夺做法，对孩子会有多大不良影响？如果真的是爱孩子，就要学会放弃。”

放弃跟前公婆较劲的心理，放弃对不起孩子的歉疚心，放弃对前公婆的猜忌敌对情绪，放弃以颠覆一方的爱来证明自己爱孩子更多一点，放弃要孩子表态选边站……

“如果你不能把握自己的情绪困扰是否会造成孩子情绪的波动，就放弃跟孩子见面的权利吧！”

听从了母亲的建议，她不再去打扰儿子的生活，直到后来自己再婚有了孩子，体会到抚养孩子的不易，也因寻到了新的情感寄托，心境有了转变，于是带上礼物登门去拜访前公婆，感谢他们对她儿子的照养，同时也请求让她能恢复探视孩子。

在恢复探视儿子之初，张女士都是独自前往，让儿子能重新独享母亲的爱，并在这与儿子独处的时光中，一点一滴地和他说明自己曾经“失踪”的原因——

不是因为不再爱他，而是因为要去学习如何才能把最好的爱给他。

经过半年的亲子情感修复后，张女士才将她的新家人介绍给儿子，她没有期待她的儿子是否能接受她新家庭的成员，也不去勉强儿子一定要接受她带家人去探视他，她让儿子自己去选择让他觉得自在的见面方式，甚至选择愿不愿意跟她见面。

因为她已明白权利和义务是相对的，当初她虽然是为了孩子好而选择了放弃对孩子的抚养权，但既然放弃了就没有权利去干扰孩子的生活。

不是不再爱他，而正是因为爱他才更要尊重孩子也有他选择的权利。

郜妈老实招

如何决定离婚后孩子究竟是跟谁好?

1. 需评估父或母哪一方能提供给孩子更有利的生活环境，包括经济条件、可以提供照养孩子的人力、对孩子负责任的程度、自我情绪管理的能力。

2. 孩子给有外遇的一方较佳：因为有外遇的是他，带孩子较能心平气和；若由受害者一方来承担养孩子的重责，较会心不甘情不愿，除非外遇那方是个极没责任感的人，才考虑由受害者一方来负责照养。

3. 由孩子决定要跟谁：孩子有权决定跟父或母较为自在快乐。

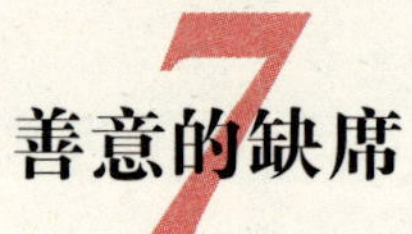

7 善意的缺席

郜妈爱说笑

有一个丈夫晚上被太太的大叫声惊醒，对妻子大发脾气：“你让不让人睡觉啊，半夜鬼喊鬼叫的！”

妻子觉得很委屈：“因为我做了一个很可怕的梦。”

“肯定是你白天干了什么坏事，晚上才会做噩梦。”

“绝对没有，因为我做的梦是关于你的。”

“关于我的？”

“是，我梦到在街上走，看到有人在拍卖丈夫，有的丈夫的价钱被人喊得很高，有的丈夫则叫价很低都没人买。”

丈夫一听劲头上来了：

“那像我这样的丈夫一定可以卖出高价钱吧？”

“不，就是因为你的价钱出乎我的意料，我才喊起来的。你是那种买一打送一打的丈夫。”

郜妈侃一侃

eBay 拍卖网上拍卖的东西可以说是无奇不有，尤其是一些国外网站，据说曾有人以拍卖一根回形针来换得一栋房子。

不过最令人震惊的还是德国一位未婚生子的年轻妈妈，因为急于抛弃自己八岁的女儿去另结新欢，竟以竞标起价一欧元（约合人民币十元）上网拍卖女儿，所使用的广告词是——

你可以跟她玩、陪她吃烤肉，她就像个会说话的洋娃娃……

若非有民众通知警方并要求 eBay 撤下这页广告，不知道这事件会演变到什么地步，这孩子会被哪种人高价买走。

当警方找到这位妇人，质问她是否想到过，她的女儿很有可能会被犯罪集团给标走，会被逼良为娼时，这位年轻妈妈说她虽然如此想过，但孩子也有可能被好人家或慈善机构收养……总之孩子离开连自己都养活不了的她，绝对会比跟着她安全和幸福。

相信听到这话的人一定会忍不住破口大骂这妈妈心狠，但若再往深一层次去想，也该佩服这母亲敢于面对自己“不能做好母亲”的勇气。

当发现自己无法胜任父母之职时，究竟是要继续坚定地把孩子跟自己绑在一起，还是该勇于坦承自己的“无法胜任”，将孩子托付给能带给孩子正常生活的单位或家庭？

这个问题若是放在中国去讨论，肯定百分之九十以上的父母会坚决表示——

即使是死也要和孩子死在一起。

而在台湾也真的有父母为了“不放心丢下孩子不管”，而在自己活不下去时，逼迫孩子跟他一起自杀。

如此执著的父母爱是多么的残忍与自私！

琼在一个专门收容破碎家庭孩童的育幼院工作，每逢孩子要被亲生父母接回家中过日子时，负责照管这些孩子的育幼院保育员都会焦躁不安，因为这些孩子之所以会被送进育幼院，不是因在家中受虐就是曾被家中成员性骚扰过，将这些孩子重新送回这些不负责任的父母手中，如同把他们重推回火坑。

院童中有一位名叫小青的女孩，就是因被母亲的同居人性骚扰而被送到育幼院保护居住，后来母亲虽然离开了原同居人，但小青却如何也不肯再跟母亲同住。

“妈妈一定还会交男朋友，那个叔叔可能也会欺负我。”

阿强则是因为被继父虐打送来，母亲几次表达希望阿强回家的意愿，但阿强却坚决表示：

“除非是跟妈妈单独过，有新爸爸在我就不回去。”

阿强后来在妈妈的眼泪攻势下软化归家，不久就又因逃学逃家被送回育幼院，因为：“有继父在场时，妈妈就变得不是妈妈了。”

阿成则是出自于一个父母收入微薄、家中需要养活的大人孩子又多的家庭，由于父母实在无能力照养肢体罹患严重残疾的阿成，只好将他送入育幼院，他在那里生活了二十余年，手足都已长大并业有所成，家中经济情况转好后才被父母接回家居住。

目前阿成是台湾知名的广播主持人和演讲者，并在兄弟的帮助下成立了一个基金会，专门扶持残疾人士。

对于父母当年将他弃养于育幼院，阿成不仅无一点怨艾且充满感谢，并认为如果当时父母坚持将他留在身边，却因要忙于生计无心力给他教育与照顾，他只会成为一个家人的包袱，但放他在能提供较丰足教育与照顾资源的育幼院生活，反倒成就他成为一个“有用”的人。

家中其他手足，也因为少了阿成的拖累，让父母能有更多的心力去栽培成才，有能力去协助阿成将自己曾得到的帮助与爱传承下去。

最近台湾电视台在播送一出韩剧《六个孩子》，剧情是讲述一个寡母如何含辛茹苦地照养六个孩子的苦情戏。起初我深为这位伟大母亲的牺牲奉献精神所感动，但在连续看了几集母亲强撑病体来照养子女结果几乎丧命，只是因为子女反对她再嫁，而非出自于她对过世前夫的感念之情，宁愿让成绩优良的女儿、儿子休学做小工，而拒绝一位人品财力皆优良，也能爱屋及乌地喜爱她六个孩子的男士……却气愤得恨不能跳进剧集里，用个大榔头敲醒那母亲“只看到鼻子尖前所发生事”的愚爱。

记得多年前大陆也曾播映过一出《我的兄弟姊妹》的电视剧，剧中母亲在临终前再三叮嘱孩子：

“一定不能让兄弟姊妹分离。”

幸而那孩子头的大姐比她母亲有智慧，不去坚持“再苦、要死都要在一起”，而让几个弟妹分别由几个好家庭收养，得以受到良好的照顾与培养，方能留下往后能好好见面的善果。

每个人的一生中，都必须去面对选择，许多选择都是未知其究竟是好还是坏的情况下被迫做的决定，我们只能在最坏的情况下，撇开情感的纠葛，去选择一条我们认为“可能”会较好的路去走。

这就是最残酷也最真实的人生。

郜妈老实招

并不是所有人都适合做父母，也并不是所有已婚夫妻都一定要生养孩子，因此除非是自己在心理、经济上作好了迎接孩子的准备，否则千万不要在长辈的期待下，或自己都还是个没长大的孩子的情况下生养孩子。

还有最重要的一个关于孩子的生养观念就是——

孩子打从一生出来后，就是一个单独的生命体，做父母的无权决定他的生死。

8 乐当全职妈妈

郜妈爱说笑

小绿妈妈说，自从开始做全职妈妈后，自己带孩子越来越老练了。比如：以前孩子只要一咳嗽，我便慌忙抱他冲医院；但现在儿子前两天吞下一枚五块钱的硬币后，我对他说："这五块钱可是要从你的零用钱里扣除的啊！"

郜妈侃一侃

文瑜在以四十二岁高龄产下第二个孩子后，下决心辞职在家做全职妈妈。

我们都劝她不要被母爱给冲昏了头，并跟她打赌：工作狂的她，肯定撑不到半年，就一定会从这既单调、没啥社会地位、成就感又低的全职妈妈岗位上退职。

结果我们这些妈妈们全都输了，文瑜不仅撑过了半年，并堂堂要迈入她做全职妈妈的第六年。

当年不看好她的妈妈们在惊佩之余，替她举办了一个“六周年庆祝餐会”。

餐会中文瑜向我们招供：

“其实，我做全职妈妈不到两个月就想辞职不干了。”

因为她发现在家带孩子整理家务的活，远远超过她想象的繁重和没成就感，完全与她自己当初所拟想的蓝图南辕北辙，整个生活过得是既紧张又疲累，整日就是周旋在一些生活上的烦俗小事。

而最让文瑜感到气愤无奈的是，当她是职业妇女时，会主动帮忙干家务活或照管孩子的丈夫，自从她辞职做全职妈妈后，就自动卸甲归田做了油瓶倒了都不会去扶的大老爷。

这些情绪慢慢在心中堆积发酵，不自觉地转化影响到她对待孩子的态度。她发现当大孩子屡劝不听时，那些“你就不能安静一下吗”、“你再爬上去试试”这些负面的言语就会连珠炮般地掷出来，甚至脾气上来时连小婴儿也会被她吼：“哭哭哭就会哭”、“哪来这么多的尿啊”……一些她过去所看不惯的恶妈妈言行，她全都犯了。

有一天早上，当她正在处理有些闹肚子的小女儿的便溺时，大儿子又不小心将牛奶打翻到地毯上，她在既疲倦又愤怒下反手就给了大儿子一巴掌，八岁的儿子抚着被打的脸颊哭叫道：

“我讨厌妈妈在家！”

儿子的话似利箭穿过她的心，她在听得伤心之余也生出省思：

“当初我决定在家带孩子的初衷，是为了能多一些时间来陪伴孩子成长，可是我现在给他们的又是什么？”

于是她给自己定下第一个全职妈妈的功课——

终止自己将心中负面情绪转为对孩子乱发脾气。

大家听到文瑜讲到定下不对孩子迁怒的功课，纷纷摇头表示太难了。

“有时身体不舒服或太累了，加上小孩又很不识相，情绪怎能不上来？”

文瑜表示这功课修起来的确不容易，不过她总算在费了些功夫后得到了几个制止火山爆发的方法——

1. 先做几个深呼吸，把头脑给冷静下来，抑止住要发的脾气。

2. 自己转身离开现场，或是把孩子抱到另一个房间去。

3. 转移孩子的注意力，比如说拿别的玩具给孩子玩，或找其他事情给孩子做等，让孩子停止使自己抓狂的言行。

文瑜在学习控制好自己情绪的过程中，也觉醒到虽然是做全职妈妈，但绝不能将自己圈困于小小家庭里，要建立自己是全职妈妈的观念，所以还是必须像职业妇女一样走出去，保持跟外界的接触联系，让自己不至于跟社会脱节。

做全职妈妈更需要有良好的时间管理能力，才不至于每天如无头苍蝇般的庸庸碌碌。

为了避免人力与时间的耗损浪费，文瑜将以往在工作上凡事先拟订计划再去执行的习惯转用于家庭。先整理出易于维护和适合家庭成员居住的环境，再去添购一些能简化做家务时间的现代化设备。

在提高家务处理效率上除了求诸于已外，文瑜又想到还可以求之于外：

带孩子在小区公园玩耍，跟一些妈妈产生互动的过程中，发现她所居住的小区，有不少妈妈接受新观点的能力很强，于是推动集体向工厂或批发商购买日用必需品然后几家平分，让妈妈们免去外出购物的麻烦，也节省不少金钱。

跟几位妈妈轮流上市场买菜，由每人认做自己擅长的菜肴，节省下花在烹饪上的时间和尝尝“别家妈妈味道”的菜肴。

成立“交换中心”，彼此交换书籍影碟与闲置于家里的物品；左邻右舍一起爬山郊游或戏水弄潮，孩子们有小同伴玩耍，父母们也有机会结交到不同领域的朋友。

参加说故事培训，不仅借讲故事来达到与孩子沟通的技巧，并且有机会听到孩子们心里真正的声音。

文瑜在小女儿上了中学后再度投入职场，成为一家物流公司的人力资源高级主管，而她之所以能受到这家物流公司的青睐，据说是大老板在对她在做全职妈妈时，所施行的高效率化家务处理法大感叹服，相信她必能发挥以“烹小鲜的能力来治大国”之能力。

小区里其他的全职妈妈，因为在陪伴孩子长大的过程中，自己也没有疏忽自我的成长，而寻到了对自我角色的认定和提升自己能力的方向，后来在孩子长大后再度投入工作时，更能乐于工作；也有些加入了志愿工作者行列；还有些则乐在悠游于琴棋书画与家人相处之中，继续做她家庭主妇中的贵族……

郜妈老实招

要快乐扮好全职妈妈的角色,时间和金钱的管理其实很重要。

首先是营造方便维护管理的生活空间，并让家人养成物归原处的习惯；家务活不要为了省钱或固守传统处理方式，而浪费太多精力与时间在其上,需勇于接受现代化的一些家务机器做代劳，并养成凡事预做计划的习惯，如此才能节省下时间来专心陪伴孩子并自我成长。

在购买一切家庭用品前，先去深入了解其功能、使用的条件方法，如此既可选择适合自己使用习惯的，也可避免重复添置功能相同的器物。

充实现代消费常识及饮食营养知识，培养出用最简单快速方式烹饪出具多样性且富于营养的食物的能力。

学习有技巧地拒绝亲友的生活干扰与不必要的应酬，把时间精力用在敦亲睦邻、和孩子同学家长及老师打交道上。

第二章
放下劳碌布袋

一老一少两个和尚下山化缘，在路上经过一条河，河边有一女子正因河水太深过不了河而伤心难过，老和尚便主动将那女子驮过了河。快回到山上的时候，小和尚终于忍不住问老和尚："师父，你常告诫我们，佛门弟子不能亲近女色，那你背那个女人过河，不就是触犯了佛门清规吗？"老和尚说："我在河边的时候，已经把她放下了，为什么你到现在还没有放下呢？"我们做父母的在养育孩子时，不就常犯下那个小和尚"放不下苦自己"的错误吗？

1 给自己"能"给的母爱

郜妈爱说笑

阿姨拿酸奶给从未喝过酸奶的阿聪喝，阿聪喝了一口后皱着眉头说：

"阿姨，你给我喝的这个牛奶还没有长熟吧？"

郜妈侃一侃

喂母乳成为目前的世界潮流，中国的年轻妈妈们也很快跟上脚步，将喂母乳视为做好妈妈的首要评断标准。

于是问题就出来了，妈妈因为体质问题分泌不出母乳；或是孩子因为出生时因严重黄胆暂时不能吃母乳，等到黄胆终于退了可以吃母乳时，孩子却因为啜吸母乳费劲，也习惯了配方奶粉略甜的口感而排斥吃母乳……总之就是无法尽到好妈妈的第一职责啦，因而让新手妈妈们产生焦虑、自责，生出一些莫名其妙的想法。

当小娃娃打上一个小小的喷嚏，妈妈就开始紧张：

"宝宝好像有过敏体质哟，八成是因为没吃到最有营养的初乳的关系。”

在观察自家的娃娃似乎比别家吃母乳的型号小上那么一点，妈妈立刻就觉得自己让娃娃输在了起跑线上。

我在做新手妈妈时，台湾妈妈们时兴的是喂国外名厂出产的配方奶粉，只有极少数走在浪尖上的专家或医生鼓励喂母乳。由于我在婚前曾担任电视台医药记者，在观念上就“走得比别人快一些”，于是基于想给孩子“最好的”，也多少夹杂一些要表现出新时代妈妈不同风格的虚荣心理，我坚持做一个喂母乳的妈妈。

然而孩子却不肯配合慈母乳儿的演出，先是在初生时黄胆指数就偏高不能吃母乳，七天出院后则任凭软求硬磨就是威武不屈地不肯吃。为了解决我在生理（涨奶）和心理上大发的母爱，只好借由挤奶器将母乳挤出装入奶瓶内再予以喂食。

而当年由于娘家至我家交通不便，跟我年龄差上一大截的小弟又恰好逢高考，我既不能回娘家坐月子，母亲也不便来我家居住照顾；加以夫家的母亲早逝，丈夫也忙于工作无法协助照管，一切都得我自立自强地担负起来。

于是，我每天周旋于挤奶、热奶、喂奶、替孩子更换尿片、清洗奶瓶与更替下来的婴儿衣物……每天能躺在床上的时间不超过四小时，并且因为劳累与睡眠不足，我吃不下去任何食物，也没心力替自己做营养餐点，但奇怪的是奶水依然充沛。

来探访的友人听到我的诉苦抱怨后，纷纷建议我不必执意喂孩子母乳，先把自己的身体顾好，才能“留着青山在，不怕没柴烧”，方能陪伴孩子走更长远的路。我不仅听不进去，并且在得知初乳的营养价值对孩子的健康更有助益后，还懊悔不迭自己当初为何没有将初乳冷冻保存给孩子喝，让孩子在一出生就“输在起跑线上”。

如此含辛茹苦地喂养儿子一个月后，在实在撑不住、腰酸背痛身体衰弱到听见孩子在哭都爬不起来、担心自己壮烈成仁让孩子成为孤儿的考量下，才终止了母乳的喂哺大业，但却已落下病根。

在孕育女儿时，或许是基于第二个照猪养的心态使然，抑或是母智已开，因此虽然也动了要喂养母乳的念头，但在一得知女儿也同样有黄胆指数偏高的问题，立刻就睿智地下了打退奶针的决定。

虽然没有吃到母乳的女儿，在健康表现上好像真的比她吃过母乳的哥哥差一些，但我因已学到老鸟妈妈的淡定，不会再跟自己过不去地胡思乱想些有的没的来自己吓自己。

近日外甥女做了妈妈，也如我初做妈妈时抱持着一些雷打不动菜鸟妈妈的坚持，喂母乳就是其一。

乳汁甚少的她通过各种老祖母偏方，如萝卜炖鲫鱼、麻油鸡、海带炖排骨……吃得自己长了一圈肥肉，却仍然无法增加乳汁的分泌，于是吸食不到奶的孩子常被饿得哇哇大哭，外甥女也焦虑异常地以泪洗面，最后由医师出面以心理学的观点来劝说：

“一个焦虑不快乐的母亲，会喂养出有负面情绪的孩子。”

才总算让外甥女放弃母爱的坚持。

改喂配方奶粉后的小娃娃因为吃得饱，睡眠也安稳多了，很快脱离了非洲饥民的形貌，像吹气球般地长了身高和体重；外甥女也因为减少了一定要让孩子完全吃母乳的压力，不再每两三个小时就会被孩子哭要吃奶而吵醒，而总算能睡个安稳觉，乳汁反而奇迹般地丰沛起来。

医师的话和后续的发展，又增添了我一些老鸟妈妈的智能——

给自己能给的母爱，做自己能做的妈妈！

郜妈老实招

做妈妈的要认清——

你自己无法给予孩子自己没有的东西。

如果本身不快乐、身心情况不够良好，如何能给孩子最“恒温”的照顾？

所以，做妈妈的在抚养孩子时首要的任务就是“照顾好自己”，让自己成为一个因为充满爱的能量，才能提供稳定给予的妈妈。

2 为孩子找个好“后妈”

郜妈爱说笑

黄家的电话响了，是邻居刘太太打来的——

“你倒说说看你是怎么替人照顾孩子的！”刘太太生气地骂道，“你替人家看的那三个孩子，现在都爬在我家门口的梨树上呢！”

“哦，你确定只有三个孩子在你家梨树上吗？！”黄太太紧张地说，“那真是太糟糕了，他们把最小的那个扔到哪去了呢？”

郜妈侃一侃

二十多年前在台湾，要请人来家帮忙做家务和照管孩子的费用就十分高昂，几乎跟一个小白领的薪水相当，并且还经常面临有钱都请不到人的困境，所以通常都是将婴儿送到保姆家照管。这些代人照顾孩子的人家，多半都是要通过熟识的人介绍，不似大陆地区可以靠职业介绍所引介。而我当时居住的地区远离我熟悉的成长地域，在人生地不熟的情况下，我只好用婴儿车推着儿子，像个沿户推销商品的贩货郎般，挨家挨户地去叩门探问：

“你们家肯替人带孩子吗？”

儿子的第一位保姆李婆婆，就是我用这种“沿门托钵”的方式寻找到的。

虽然找保姆的方式有点儿急就章，不值得作为借鉴参考，但在与儿子这“后妈”——保姆一起抚养儿子的过程中，我如何用心让保姆由当初“奶妈抱孩子——人家的”的心态，逐渐转为把我家儿子当作自己孙子一般的重视疼爱的一些方式，我却自认为有些是可供参考的。

1. 除了将儿子的一些生活作息、习惯详详细细地跟李婆婆报告了一遍外，还为了方便识字不多的李婆婆查阅，将这些提醒制成图文并茂的表，以缩短她和宝宝的磨合期。

2. 刚将儿子送去保姆家时，我经常会采取突击检查的方式，去查看儿子在保姆家被照顾的“真实”情形。但为了不让自己的突兀到访引起保姆觉得被怀疑的反感，我都会用“太想宝宝，所以忍不住翘班来看看”、“今天老板没来公司，大家都乐得提前下班”、“办公室同事们团购了些点心，天气太热怕放到下班坏了，所以趁着出来办事拿回家，顺便也送点给你尝尝”等理由，几个月后才改为偶尔去。

3. 一定每天自己为孩子洗澡：在替孩子洗澡的过程中，其实也就是检查自己的孩子是否有不明伤痕，查验孩子被照顾的程度。

4. 接孩子时一定要预留些时间，跟保姆拉拉孩子今天吃喝拉撒睡的情况。后来我还去买了本记事本，以图文方式来记录宝宝每天的生活起息，送孩子去保姆家时，我会把自己记录的有关孩子在家时的情形展示给保姆看，接孩子时我会查看保姆所做的记录。

5. 虽然李婆婆受的教育不多，但到底年龄较长，生活与育儿经验丰富，因此即便有些理念做法较陈旧迂腐，我仍采取恭敬受教状，除非是一些我实在无法接受的，我也不直接驳斥她的意见，而是婉转地以“我妈妈也这样认为，不过好像现在的年轻妈妈们都是……”的说法，既替她保留了面子，也让她明白我的想法；并且经常借着向她请教一些做家务与带孩子的经验，来作一些软性沟通。

6. 逢年过节、保姆生日、保姆女儿生日、母亲节、情人节等节庆日送礼不可少。除了三节礼是以我们父母名义送的外，其他节日礼我们都以儿子的名义“送婆婆”、“送姑姑”；当买了一些新鲜食品时，也多会送些给保姆家尝鲜；偶尔也会请保姆家一起去打打牙祭……总之，不让彼此关系仅定位于“雇主与雇工”关系上，而是一种“亲人与合伙人”的平等地位。

儿子的第二位保姆姓周，是娘家母亲托人帮我物色的人选。这位新保姆年纪四十出头，育有三个儿子，丈夫在开出租车，虽然夫妻俩都没受过什么教育，但为人和善朴实，几个孩子也教养得中规中矩。他们全家将儿子视作新添的孩子般的疼爱，新保姆喜欢串门子，经常带着儿子到别家去和其他同龄孩子玩耍；黄昏孩子放学时，她的几个孩子就成了儿子的大玩偶，经常轮流趴在地上给他当马骑；有时开出租车的周爸爸收班早，就会用车载着儿子去四处兜风。

新保姆由于普通话讲得不好，平日多使用台湾话来跟人交谈。儿子当时刚满两岁，恰好是在学说话的年龄，由于原保姆使用河南腔的普通话，我跟儿子说的是较标准的普通话，不知是否由于三个“不同妈妈”使用不同口音，给儿子带来很大的困惑，因而造成他开口说话极晚，甚至期间还发生当人用普通话问他几岁时，他瞠目难对，非得要用台湾话问他：“你贵会（你几岁）？”他才会竖起三根胖胖的小指头回答道：“仨会（三岁）！”

不过相较其他朋友所遭遇的保姆问题，我儿子这保姆即便不是千里挑一，也称得上是百里挑一的“尖子保姆”了。因为一些教育专家学者在对情绪障碍或学习障碍的孩子作研究时，就发现这些孩子的病因，多半来自于幼儿时期抚养者教育的影响。而孩子在三岁前恰好是学习启蒙期，生活习惯与言行模式，甚至性格观念，都会完全复制抚养照顾者。

因此，为孩子找保姆，如同在找个能提供孩子良好教养的“后妈”，是绝对不可轻忽的一件事。

不论是将孩子交托给有证在身的托婴机构或保姆，或是一般保姆托婴，做妈妈的都必须以非常谨慎的态度，去考察保姆本身的品格素质——

如太爱以斥责来管教孩子的保姆，会造成孩子胆小、缺乏自信心、没有安全感；太过文静内向，不喜欢陪孩子读书、游戏、说话与出外活动的保姆，会形成孩子孤僻不合群的性格；被总是冷着张脸把带孩子当作公事一样公办，对孩子的哭笑都没啥太多回应的保姆带大的孩子，会成长成一个总是习惯摆张臭脸、不会跟人说心里话的人；还有孩子若交托给一些做事粗手粗脚、个性急躁、习惯用大呼小叫来“喊话”的保姆，则很容易变成一个容易受惊、神经质，或脾气冲动暴躁没有耐心的孩子。

另外，还需用心去观察保姆接下这份工作的心态，是真正喜爱孩子，还是将照顾孩子仅视为一份“挣钱”的工作。

还有人和人相处都有所谓的“缘分”，保姆和孩子也是如此，所以即便保姆完全合乎父母选择的要求，但如果宝宝表现出特别不喜欢这个保姆，如就是不肯让保姆抱，或在她怀里表现出特别不安，或看到保姆的脸和听到她的声音就哭……那最好还是尊重孩子的“直觉”，因为到底是他要和保姆相处。

郜妈老实招

替孩子找一个好保姆有时多少得靠些好运气！但好运气也是可以去自己创造的。

为了能创造找到好保姆的运气，必须把寻找的准备工作提前，在怀孕期间，甚至准备怀孕前，就开始留意请保姆的管道，扩大寻找保姆的人脉。

在寻到一个目标后，不要初次见面就冲动作决定，而要分不同时段，多和她接触几次，借与其多聊天的机会，去了解她的行事待人作风、对教育孩子的看法与生活背景。同时透过探问介绍人，或与她相识的一些人，来从旁了解观察她的所言和所行是否合一。

当然，保姆以前曾带过的孩子的父母的口碑如何，更是深具参考价值。

3 给孩子恰如其分的爱

郜妈爱说笑

老师："谁可以解释什么叫作——父母的罪过殃及子女？"

小华举手："就是——只要我爸帮我写的作业，都会因为字迹潦草而让我挨老师骂。"

郜妈侃一侃

生日那天，儿子送我一张瑞典知名歌唱家莲娜的 CD 作为生日礼物。

当莲娜如天使般清丽的歌声飞扬在我小小的书房斗室时，第一次看到莲娜的情景重新浮现在眼前——

如果不是先前就了解到她身体的情况，我实在很难去想象那有着天使般美丽开朗笑容、充满自信地站在台上或昂首高歌或委婉轻唱的莲娜，是位没有双臂、左腿仅是右腿一半长的重度残疾人士。

莲娜的父母承认在第一眼看到这个不一样的孩子时充满了震惊，但却在医生建议他们将莲娜交给社会福利机构去抚养时，坚决地表示：

“不论她有没有手臂，都需要一个家。”

莲娜的父母不仅给了她一个家，还给了她生命中最重要的恰如其分的爱。

十五岁时进入瑞典国家残疾人游泳代表队，十八岁时打破残奥会蝶泳纪录勇夺四块金牌，十九岁时进入大学专攻声乐，并成为瑞典知名的美声歌唱家，经常受邀至世界各地作演出，并荣获瑞典皇后特别接见的殊荣，莲娜均将其归诸于让她发挥生命潜能，并给她既温暖又严厉的爱的父母。

莲娜的父母从未因心疼她没有双臂、单脚取物行走的不方便，而给予她特别的保护与扶持，如在莲娜刚学习走路摔倒，向母亲哭求扶持，她的妈妈只是指导她爬到墙边靠着围墙：“自己站起来。”

莲娜的父母不仅常带她出入一些如海水浴场、公园与购物中心等公共场所，并且从不对女儿残障的躯体去遮掩隐盖来避人注意。

在父母这种视她为无价之宝并尊重她的爱的教养下，莲娜觉得自己的缺手少腿不是残疾，而只是跟单眼皮双眼皮一般，“长得跟别人不一样”罢了。因此被常人视作“残障人士做不到”的事——开车、绘画、刺绣、烹饪、打毛衣、操作计算机，甚至连许多有正常手指的外国人都学不来的用筷子都难不倒她。

从莲娜身上我们看到了，父母如果能拿捏住该给与不该给的爱的分寸，将会培养出一个多么具有乐观信心去面对人生挑战，奋力活出精彩人生的孩子。

然而给孩子恰如其分的爱对父母而言却往往是件难事，因为很难去判定啥是该给或不该给的；或是明明清楚爱多了，却很难下狠心去不爱；或是难抵老一辈爱的介入。

我的一位女友的育儿法就颇值得借鉴。

女友的儿子是家中长孙，在一生下来后就集全家宠爱于一身。怕孩子被众多的爱给淹死，女友只有去扮演那招人嫌的公安角色，时时向家人发出爱的制止令。

有一次，八个月大的儿子爬到了茶几与沙发的夹缝里去出不来，在那里哎哎叫唤，奶奶见了连忙跑过去要把他救出来，女友却拦阻道：

“妈，别管他，让他自己想办法出来。如果这次帮他出来了，下次他若又爬了进去出不来，旁边又没人咋办？”

女友说这话时脸上带着笑容，声音温柔但坚定，不仅没有丝毫批判老人家这种做法的火药味，还道出了合情合理的远虑，不仅让老人家脸面上不会过不去，并且也委婉教育了长辈——伸出爱之手之前要停一停，想一想。

有一位朋友的孩子特别调皮，每次只要有这孩子在场，他的母亲就不得安宁，不停地要发出狮吼来制止他捣乱。

一次聚会中，小家伙又对桌上点的蜡烛产生了兴趣，一再要用手去碰触烛焰，他母亲几次的吓阻都不见效，孩子的父亲就说：

“就让他去碰碰看，烫着了他自然就会乖了。”

父亲的话才说完，小孩已将手伸到烛火上，立刻被烫得哇哇大叫起来，做妈妈的连忙把小孩抱进怀里，将他被烫伤的小指头含进嘴中，并恶狠狠地瞪了她丈夫一眼。

孩子的父亲却无视妻子责难的眼光，用温和冷静的口吻对孩子说：

“妈妈不是跟你说了很多遍不要去碰蜡烛，会把你烫痛的吗？你却不听硬要去碰，现在烫痛了也是你自己的错，你就不要再哭了。”

孩子在听了父亲的话后不久就收了眼泪，接下来再也没有去碰触那烛火。

真正懂得爱孩子的父母，就是必须要能学习狠心坐视孩子去经历、去摔跟斗、去碰撞受伤，用亲身经历来品尝生活中的酸甜苦辣；从一次次的危险遭遇中来获得经验教训，在体验中得到不同人生滋味的成长。

做家长的我们没有资格去剥夺孩子“要自己成长”的机会，老人言也绝对无法转化为孩子的智慧。

郜妈老实招

爱是关切、陪伴，不是束缚与占有。

当我们脱口而出地对孩子说“我这是为你好”时，就要当心检视一下，我们是否在用爱之名，去伪装恐惧、面子、期待……

4 不要做孩子的开路先锋

郜妈爱说笑

在经过长途跋涉越过丛林时，大象向同行的蝗虫诉苦：

“我快累死了，我觉得我的腿都快要走断了！”

蝗虫同情地说：

“上来吧，我可以背上你一程，不过你得保证，你的脚不能拖到地上哟！”

郜妈侃一侃

正准备出门去电视台录像时接到女儿的电话。

“小妞妞，打电话回来有什么事吗？”

“没有，只是想知道妈妈有没有在家。”

女儿放学后我问她，是不是因为白天在学校时想妈妈了，所以才会打电话回家？

女儿扭了扭胖胖的小身子，有点害羞地说：

"因为下课后同学都在排队打电话回家找妈妈，所以……"

"同学打电话回家找妈妈，也都和你一样，只是想知道妈妈有没有在家吗？"

"不是，他们是因为忘记带课本或笔盒了，所以才打电话找妈妈。"

"自己忘记带到学校的东西，要妈妈送过去应不应该啊？"

女儿被我这么一问愣住了，想了一会儿才嗫嗫嚅嚅地回答：

"不应该，可是——忘记带课本和笔盒会被老师骂……"

"被老师骂不是活该的吗？谁要自己在收拾书包时忘了检查东西有没有带全呢？"

这是发生在女儿小学一年级的事，现在她已经是一个研究生了，在她与她哥哥求学的日子里，我从未做过"快递妈妈"，为他们送过任何的遗忘物去学校。

后来才知道，像我这样"不顾孩子死活"的妈妈并不多，大部分的妈妈都是嘴巴上虽然骂得极其凶狠，但还是会给孩子做快递员。

也发现除了替孩子做快递外，父母还有许许多多五花八门为孩子服务的方式，其中做的最多的就是帮孩子收拾房间，以及帮孩子温习功课准备考试。

我们小区里有个小卖店，每隔一段时间就会歇业几天，我好奇地向物业打听小店为何老隔三差五地歇业，才知道每逢店主儿子学校要考试时，他们为了能"专心"督促孩子做考前复习，宁愿歇业少赚些钱。

为了让孩子能专心应试，父母刻意去排除所有不必要的干扰做陪读书童，或是当快递员帮孩子做补漏服务，其出发点绝对是基于爱孩子，但在这种完全是由于父母的服务，才能被打造出来的完美，是否反倒让孩子养成了依赖心，丧失靠自己的能力达到成功的信心呢？

某次在北京坐出租车，开车师傅在应招停下车后，先摇下车窗问我要去哪，知道是与他要去的方向顺路后才开启车门让我搭乘。上车后我就问开车师傅是否因为要赶交班，他的回答是为了赶去接在读中学的孩子。

“这么大的孩子还要接送上下学啊？”我不以为然地说。

“没法，心疼孩子搭公交车的时间太长、太辛苦了。”

“那就让孩子读离家近一点的学校嘛，不然你这样来回赶不也同样辛苦？而且又耽误了做生意赚钱。”

开车师傅面露苦笑地摇摇头说：

“离家近的学校不够好啊，我们就只有这么一个孩子，自然要把他当尖子生来培养，做父母的只好辛苦一点呗！”

我听了立刻有一句疑问话跳上舌尖，但觉得这问题太过尖锐，深恐提问后会让这开车师傅难堪，只好吞下肚去，这个问题就是——

你有遗传给孩子做尖子生的“基因”吗？

其实，做父母的多半心知肚明，自己并无遗传给孩子先天聪明才智的基因，但是由于相信“一分天才九分努力就能成功”，于是往往在愧疚心理的驱使下，就铆足了劲，对孩子提供后天的奉献服务，希望能弥补那先天没能力给的。

但是我们看看，千万父母的努力真的造就出了千万的尖子生吗？就算真的造就出来了合乎优秀规格的尖子生又如何？

2008 年北京奥运会开幕式，有许多场表演是由 2008 人所组成，相信能参与这些表演的人，绝对都是千万人里挑一的尖子，但即便是对他们最熟悉的父母，相信也很难从那 2008 位穿着打扮与行为动作都一模一样的人群中，一眼就指认出自己的孩子吧？因为他们表现得都是“一模一样”的好。

而当表现得一模一样时，就是再好也还是平常。

既然如此，那父母为何不放下忧虑劳碌心，而以平常心来教育孩子成为一个只要能把平常事认真做好的平常人？

路其实无所谓有和无，只是人走多了就自然形成了路。

希望能将孩子培养成尖子生，是许多父母看到的一条能帮助孩子踏上成功坦途的路，但这条路是唯一通往成功的路吗？

或许孩子所选择走的路，荆棘密布甚至会让他失足落败，但是孩子在那坑洞满布的路上，一步一个脚印地靠着自己努力去达成目标的快乐与成就感，却是营建他自我价值与信心的来源。

而这种相信自我价值的能力，会让孩子即便身处最黑暗的时候，都能看到希望的光，去坚持在别人都走的路上，走出自己的风景。

部妈老实招

想要孩子能走出自己的一条路，不妨试试以下的亲子互动法：

1. 鼓励孩子发问，并通过孩子说得多、父母说得少的讨论，孩子为主力、父母只是在一旁协助的方式，让孩子自己去寻找答案。

2. 在跟孩子讨论时，多用“那真有趣”、“我以前怎么没想过”，或再丢出一些问题和不同看法，来激发孩子更多的思考想象，不要用“对”、“很好”这种暗示讨论已完毕的话语。

3. 给孩子思考的时间和尝试失败的机会。

4. 永远不放弃对孩子说“我相信你可以”。

5 有能力的孩子是“逼”出来的

郜妈爱说笑

父：“你要负责教你弟弟听话。”

子：“如果他不肯听我的话呢？”

父：“那就证明你无能！”

子：“那如果我不肯听你的话呢？”

父：“……”

郜妈侃一侃

2007 年 10 月在上海举办的特殊奥林匹克运动会上，来自河南洛阳的杨博以一曲“特奥之歌”——《相信》，博得在场所有中外嘉宾热烈的掌声。这如雷的掌声不仅是对杨博优美的歌声与台风的肯定，更是给永远站在杨博身后推他一把的杨博母亲孙宝云女士的肯定。

智商只有 47 的杨博不仅在音乐表演上出色，在篮球与乒乓球比赛中也有杰出的表现，他还会武术、游泳……这些甚至超过正常智商孩子的表现能力，全都是靠他的母亲孙宝云给“逼”出来的。

杨博到了五岁还不会走路，孙宝云为了锻炼他能像个正常人般行走，咬着牙忍着泪看着孩子一次次地跌倒再站起，即便跌破了脑袋还是坚持要他继续练习下去。

在孙宝云一步步的“进逼”下，这个当初被医生认定大概就是不会说话、不会走路、痴痴傻傻过一辈子的杨博，三岁多学会讲话，八岁能自己吃饭，十二岁学会穿衣……在这些生活自理能力都被逼迫学习好时，孙宝云又开始“逼”着他学习打篮球、打乒乓球、练武术、学弹电子琴、打爵士鼓和唱歌。

并且为了锻炼杨博的语言交际能力，培养他的胆识，孙宝云在让杨博去学这些本事时，往往在接送他几次后就“逼”着他自己来回学习地，然后偷偷尾随其后，当他走错方向时才“假装恰好路过”地前去指正他正确的方向。

回首这十几年来孙宝云逼迫孩子成长，被旁人指点批评其心狠、痴人妄想的日子，她仍会泪水涟涟。但让她感到庆幸安慰的是，幸好她当初选择了为了不愿孩子在未来吃苦，而咬牙逼迫孩子去受苦锻炼，打磨出来他虽比正常智力孩子发展较缓慢，但却丝毫不输人的能力。

曾获得“全国十佳运动员”、奥运会长跑金牌，被誉为“东方神鹿”的王军霞，也是一个常对孩子进行逼迫教育的狠心娘。

她在国外受训时得知将小婴儿放进池中去进行亲水教育，可以让孩子天生自我保护与适应的本能得以发展，就不顾旁人的批评指责，将五个月大的儿子放进泳池。结果孩子虽在初入水时受惊哭叫，但经反复练习后不仅未如旁人所预料的“会一口水呛到气管给憋死”，反而学会在落入水中的那一刹那，知道闭上嘴巴屏住呼吸，甚至学会了游泳，两岁时就能在泳池中游个来回。

孙宝云和王军霞对孩子所施行的都是韩国目前最流行的“狮子教育”，而所谓的“狮子教育”就是仿效狮子为了培养小狮子能够在激烈的生存竞争中存活下来，把刚出生不久的幼狮推下石崖，让它自己想办法寻找回来路的方式，逼迫其去面对危难、从逆境中找出解决问题的方法。

这个狮子教育到了我家有另外一个名称,就是“仙人掌教育”。

这个“仙人掌教育”名称的由来，得从我上海家中放置在阳台上的那棵仙人掌说起。

由于我并不常住上海,而女儿能把自己养活下来就了不起了，所以我根本就不敢指望她能照养好其他的活物，因此这棵仙人掌当我不在上海家时就是棵“孤儿树”。

然而让人惊讶的是，这棵孤儿树却活得兴高采烈，每年五月份到九月份这阳光最炽热的季节，一朵又一朵的黄花绽放不停。

我瞧着惊叹道：

“哇，真是了不起呀，这棵仙人掌居然能活得这么好。”

女儿则以见怪不怪的口吻回应道：

“因为它是仙人掌啊。”

由这棵生命力顽强的仙人掌，引发我和女儿对植物生命韧性的讨论，我说：“当初仙人掌肯定不会是这样的好养，应该是为了适应自然界中优胜劣汰的生存法则而被逼出来的改变。”

女儿在点头称是后加了一句：

“对，就像我一样。”

我听了笑起来，这笑容中有对女儿的嘉许，也有着为母的疼惜，因为女儿在十八岁独自一人来到举目无亲的上海读书，六年来所承担在生活、学业与情感、身体上的困顿与失落肯定不少，但她却从无一次打电话回家求救哭诉，都是咬着牙挺过来。曾问她：

“为什么不打电话回来跟爸爸妈妈哭呢？”

“哭给你们听有啥用，你们隔得那么远也没法立刻飞过来帮忙，哭完了还不是得靠自己去面对。”

“那为什么连回到家见了我们面也不说辛苦？”

她淡淡地说：

“都过去了也就不觉得辛苦了。”

相较于女儿的独立坚强，一直在台湾岛内读书的儿子个性就显得太“面”了些，直到最近因出国进修，在人生地不熟的异乡，被逼得必须凡事自己作决定和面对，才总算长出了点“仙人掌精神”。

曾观赏过一部有关胡杨树生长的影片，其中有位培林专家讲述到种植胡杨树的诀窍——少浇水、施肥与培土。

因为若经常给它浇水施肥，它的根就不往泥土深处扎，只在地表浅处盘来盘去，根扎得浅自然经不起风雨；所以只要把它栽活后就不再去理睬它，由于地表没有水和肥料供它吮吸，自会逼得它不得不拼命向下扎根，恨不得把自己的根穿过沙土层，一直扎到地底下的泉源中去，有这么深的根，何愁这些树不枝叶繁茂？何愁这些树会轻易就被暴风刮倒呢？

仔细想想，这栽树的原理其实就跟养孩子一样，若对孩子太过周到照顾了，往往就培养出了他们的惰性，生命的温室只会诞生出生命的灾难；想要孩子的生命之树能根深叶茂、顶天立地，就不能给它太足的水分和肥料，必须强狠下心去逼迫它奋力向下自己扎根。

在温室里我们是永远见不着参天大树的。

郜妈老实招

若想要孩子能成“人才”而非“木材”，就要学习——

1. 指出孩子的努力与能力：譬如“虽然这课的生字很多，但你还是很努力地把它们都记熟了”、“真不错，你知道怎样跟老师说你想参加体操队的事”。

2. 提供孩子作决定的机会：如：你可以决定今天要穿什么衣裳、什么时间内要把功课写完……

3. 具体指出孩子的潜能、优点，鼓励孩子努力去展现自己的特质。

4. 鼓励孩子表达自己的想法，尝试一些新的挑战。

5. 帮助孩子从错误中学习。不要依据结果好坏来作评论，勿急于介入解决孩子的困难，当他努力从挫折中站起来时，不管他表现得好坏，都要给他一个热情的掌声，让他知道你看见了他的努力、勇敢与坚持。

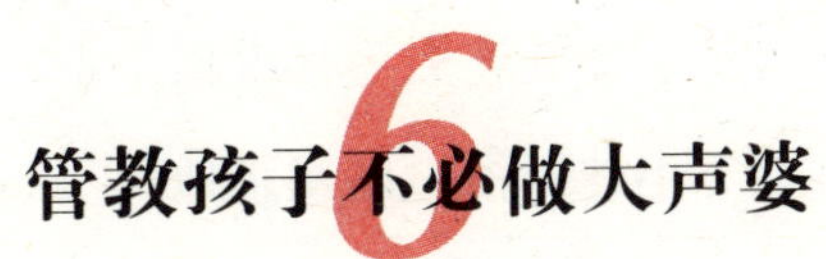

6 管教孩子不必做大声婆

郜妈爱说笑

牙医检查患者的口腔："你的牙上有个大洞！有个大洞！"

患者："就算是有个洞，可你也不用说两遍呀！"

牙医："我只说了一遍。那是回音，是回音——"

郜妈侃一侃

受邀去一位老友家做客。老友与儿孙住在一起，子孝媳贤孙乖巧婆明理，是难得三代同堂其乐融融的典范家庭。但我在住了四天后，就力拒老友一家人的极力挽留"逃"回家去。

固然，金窝银窝比不上自家狗窝是因素之一，另一个最大的原因就是他家实在"太热闹"了，每个人都是大嗓门，说起话来像在跟人吵架。我不能适应嘈杂的环境，尤其惧怕旁人用大嗓门说话。

记得在老友家时，我对扯着大嗓门跟她妈妈"喊"话的小娃说：

“说话要学习像淑女一样小小声声地说。”

然后正要灌输她放低音量更可以把话说得清楚的观念时，她娘用打雷的声音喊她。

小女娃连眉毛都没抬一下，我却被吓得几乎从座椅上摔下来。

小娃妈很不好意思地说：

“这孩子老是叫不理说不听的，只好用吼！”

叫不理说不听就用吼，真的会有效吗？

继承了自己父母教子习惯、以往总爱对女儿狮吼的 angelaqf 妈妈，在我的博客上留下了她的感想——

我发现自打近几日我“不再狮吼”后，管理女儿依然有效，而且女儿变得更乖巧了，呵呵，我真高兴。

跟台湾故事妈妈到上海的小学讲故事时，也有个经验很值得跟大家分享。

在进教室前，班主任就向“故事妈妈”发出警告：

“我们这班听课秩序很不好，小朋友常会吵吵嚷嚷的，不安静听课，所以你必须提高嗓门说话才行。”

我听了替故事妈妈着急，心想：连有着打雷一样大嗓门的班主任都震不住，说话温煦的故事妈妈怎能“镇”得住这些小猴子呢？

谁知故事妈妈一上台既没大吼也没小叫，脸上挂着笑容闭着嘴，用安安静静的眼神慢慢扫过台下的每个孩子。

一分钟，有三分之一的孩子安静了下来。

两分钟，另外三分之一的孩子也闭上嘴。

不到三分钟，就好像在玩“一、二、三，木头人”游戏一样，所有原本在吵嚷的、在座位上蠢动不停的孩子，都被故事妈妈的静默不言给“定”住了，安安静静地坐在自己的椅子上。

故事妈妈开始用跟班主任洪钟般的音量比，只能称做是小铃铛的音量说：

“老师没法用大嗓门说话，所以如果大家想要听精彩故事的话，就得把小嘴巴闭起来，小耳朵竖起来专心听才能听得到哟。”

小朋友真的大多很安静地听完了整个故事，当然说故事期间虽然仍不免会有“屁股是尖的”、“管不住话会从嘴巴里跑出来”的孩子发出干扰的声音，故事妈妈没因此提高自己的音量，反而闭嘴不语,其他想听故事的同学就自会充任“纠察员”去予以管束。

在小学任教的外甥女也跟我分享她某次“失声”的经验——

某天晨起后她发现自己突然发不出声。因为事出突然，无法找到可以临时代课的老师，只好硬着头皮去上课。她一踏上讲台就用气若游丝的声音跟学生说：

“老师今天喉咙不舒服，讲课声音会很小，所以同学们上课要特别安静，否则会听不清楚哟！”

原本吵吵嚷嚷的课室顿时变得鸦雀无声，台下的学生们个个睁大眼睛竖直耳朵全神贯注地听她讲课；当她把讲课重点写在黑板上时，不需她催促提醒，学生们都自动自发地拿起笔记本来抄写，连平日上课总调皮捣蛋扰乱秩序或总是去“梦周公”的几个差生，听课的态度也都判若两人。

当天由于她无法如往日般站在讲台上大声向学生喊话：

“×× 赶紧交作业！”

“×× 不可以在走廊上奔跑！”

“快点排放学队伍！ ×× 不要讲话，××……”

而不得不由一些学生当“传声筒”私下传达师令，或是用一些手势与眼神无声胜有声地来传达意思……竟也减少了许多她与学生直接对立的火爆场面与动怒的机会。

外甥女在三天后其实就已恢复了声音，但她却故意让自己的声音“没有好起来”，继续沿用失声期的轻声细语、无声胜有声的管教方式，因为她发现“不做大声婆”反倒更能达到武侠小说中“无影脚”的最高境界，更能掌控孩子的注意力，提高孩子化被动为主动的学习能力。

曾读过一个太阳和风的故事——

太阳和风打赌，看谁能让路上一位穿大衣的男人脱掉身上的大衣。

风说我可以，于是鼓足力气吹起了十级大风，结果不仅没将那男人的大衣给吹掉，反而让男人更加裹紧了自己的衣服。

太阳则是让自己热力十足地照射着那个人，结果不一会儿，那人就受不了太阳热情的照射，自然而然地脱掉了大衣。

你想要做一个如风般费大劲却无功的大声婆妈妈，还是愿意让自己去试试温柔和煦的“太阳策略”呢?

部妈老实招

建议全家一起来玩个“失声”游戏——

在这一星期内只能用眼神、手势、纸条来做沟通，犯规的要扣分处罚，得胜的可以让失分最多的提供服务——如做私人保姆、请吃饭或送礼物等。

借此游戏来体会不必大声喊叫更能做好亲子沟通。

7 做个能“坏话好说”的父母

郜妈爱说笑

妻子在穿衣镜前试新衣，搔首弄姿一番后回头问丈夫：

“我穿这件衣裳好看吗？”

丈夫把视线从报纸上移开，匆匆瞥了她一眼，没吭声。

妻子见到丈夫这副闷不吭声的死德行便生气地说：

“马克·吐温说过：‘一句赞美的话，可以让我活两个月’，你怎么就不能试着对我说几句赞美的话呢？”

丈夫：

“好吧！那你想活多久？”

郜妈侃一侃

台湾近日发生一起离谱的管教案件，十三岁的邱姓男童因为迷恋网吧逃家，还偷家里的钱，被父亲用麻绳绑住脖子，跪在地上沿街学狗爬，引来路人留意报警。

当警方出面制止男童父亲虐儿行为时，邱姓男童父亲振振有词地说，他实在是气不过孩子再三不受教，所以才会下此狠招来让孩子“怕到不犯”。

如此“不给孩子面子”的管教法我也亲眼在地铁上见过，对座的一位大妈无视车厢内的乘客眼光，扯着一个身高、体形都已超过她的孩子的耳朵大声咆哮，只是因为孩子没按照她的意思去剪短头发。

有乘客实在看不下去上前予以劝阻，要这位母亲在公众场合给孩子留些面子，大妈气吁吁地说：

“只有这样让他在大家面前丢脸，才能让他记住不敢再犯！”

真的要用如此羞辱孩子人格的方式来管教孩子，才能收到让孩子“记得不敢再犯”的功效吗？

相信每个“看戏”的父母都会说出冠冕堂皇的话：

“没用的，管教孩子要用爱的教育。”

然而当孩子犯错或违背自己的期待时，父母却常常会管不住自己的口舌，回归到传统中国父母“不打不骂不成器”的管教模式。

从我最近迷恋上的《乡村爱情》这出剧中，我归纳整理出中国父母最擅长使用的几种国骂——

1. 以哀兵的姿态骂：

“你看你把爸爸气成这样，快跟你爸道歉！”

“我这样做还不是为了你们？”

2. 以贬低孩子志气的语气骂：

“看你这个样子，将来怎么会有出息？”

3. 以威胁的口吻骂：

“你再说一句看看。你再说呀！”

4. 借旁人的口吻来骂：

“这么大了还哭，别人会笑你羞羞脸哦！”

5. 酸溜溜地骂：

“你们这一代的小孩真是身在福中不知福，我们以前哪有你们这么好的命？”

6. 和别人作比较地骂：

“你看那个小妹妹比你年纪小都比你乖。”

7. 充满恫吓地骂：

“再不听话我就不要你了！”

8. 恶狠狠地骂：

“说，你下次还敢不敢！？”

9. 还有人身攻击地骂：

“你是猪啊？这么简单都不懂！”

10. 更厉害的是边打边骂：

“不听话，还敢顶嘴，我打死你！”

这些负面语言，你敢说你从没有对孩子说过吗？

你再仔细地回想一下，这些骂孩子的话真的收到了管教的效果吗？还是反而起了副作用？

某次参加教会的祷告会，负责带领的牧师邀请曾被父母以言语责骂羞辱，至今想起来都还是会心痛的人来到台前，让大家替他们做祷告以求释放。

让人惊讶的是，站到台前的不仅有年轻的孩子，还有不少已为人父母甚至为人祖辈的人，许多人在被牧师和传道士按头做祈祷时痛哭失声。

这些因为当时父母可能只是怒极失言的责骂，而在心中背负下如此重担以至于哭泣的人，带给我极大的恐惧和震撼——

我曾做出如此伤害孩子自尊心和自信心的批评、讪笑与责骂吗？

人的心理其实很微妙，越被人夸赞欣赏，他的自我价值感就会越强，越会有向上的动机，越希望表现得更好不让你失望，产生“士为知己者死”的决心。

反之，若是连生命中最重要的亲生父母都认为他是笨蛋，那孩子的希望在哪里呢？不如干脆自我放弃算了。

父母可以是儿女祝福的天使，也可以是儿女咒诅的鬼魔，端看做父母的是否能以“坏话好说”的教育方式来带引孩子。

就让我们来学习自我要求，在管孩子前先从管好自己的口舌做起。

部妈老实招

将“坏话”转为“好说”的诀窍就是将命令、斥责句型改为建议与鼓励句型。

“坏话”、“好说”对照表：

坏　话	好　说
你实在是个懒惰鬼！	你若再努力些可以做得更好。
你怎么这么调皮捣蛋？	你的聪明可以用在更好的地方。
你真笨耶！	找到了学习诀窍你一定会进步。
你真是成事不足败事有余！	想成功必须花点心力。
你一定是在说谎！	你讲的不太像是真的哟。
你真是自私自利的人！	你可以试着替别人想一想看。
你真会浪费时间！	你一定能想出更聪明的运用时间的方法。
你真是个胆小鬼！	勇气是可以经过训练得到的。
你做这些事很讨人厌耶！	你如果能不那样做我会很高兴。
你的脾气真是坏！	你可以控制自己的情绪的。

8 妈妈轮流当

郜妈爱说笑

鸡跟牛发牢骚：

“人让我们多下蛋，自己却计划生育，太不公平了！”

牛说：

“你那点委屈算什么，那么多人吃我的奶，有谁叫我一声‘妈’？”

郜妈侃一侃

今年暑假轮到齐妈妈家办“QQ Learn 暑期营”（Q 在台湾语有“可爱甜美”之意，Learn 为学习之意）。“QQ Learn 暑期营”已经办了二十多年，早期参加营队的小孩都已长大成人，甚至有几个都准备做爸妈了，这些即将为人父母的孩子纷纷表示愿父承子业女继母志地将这个“QQ Learn 暑期营”继续延办下去。

“QQ Learn 暑期营”的创办人朱妈妈和沈妈妈，见到如此花开枝茂的结果，心里对自己的天才头脑真是得意万分，因为当初的起源只是——

丈夫常年在国外工作的沈妈妈，因为要出差外地三天，孩子无人照管，只好让儿子小石头寄人篱下于朱妈妈家。朱妈妈的儿子欢欢是小石头的铁哥们，经常来沈妈妈家蹭吃蹭玩，朱爸朱妈一直想找机会衔草报恩，所以在接养小石头的那三天里，朱爸带着两个孩子进行玩球、钓鱼等户外活动；喜欢文化艺术的朱妈则引领孩子去图书馆、书店看书，到艺术馆赏画……

在朱妈妈家玩得乐不思蜀的小石头，在妈妈领他回家时演出肥皂剧里生离死别的戏码，而这幕戏以往都是由朱欢欢在沈家担纲演出的。

沈妈妈在拖着哭得如丧考妣的小石头归家的路途中，突然灵光一现：

“为何不能仿照办公室同仁、邻居友人，以在财务上彼此帮助的‘互助会’模式，在照管孩子方面也众志成城呢？”

于是沈妈妈便决定由她来做发起人，出面在学校、邻里间和孩子学才艺的补习班里，找几个孩子年纪相仿、父母教养观念相当的家庭，轮流来做“寄‘玩’家庭”。

所谓的“寄‘玩’家庭”，就是如同孩子平日上学般的，于星期假日时早上定时送去晚上定时接回，将孩子送到被轮派做“假日父母”的家里或某定点，然后其他无儿一身轻的父母，就可作鸟兽散或夫妻借机去约个小会、探望朋友或整理家务、进行买菜购物……

“寄‘玩’家庭”的实验结果十分成功，除了爸妈们在大多数的假日里，可以不必因被不停嚷着“好无聊”的孩子缠得团团转，弄得“假日比上班日还要累”外，小孩也玩得开心又充实。

因为每个“假日父母”基于较劲心理驱使，都会使出十八般武艺来让孩子开开心心地来玩、欢欢喜喜地归家。

许多孩子在别人家里，还学会遵守“自己爸妈怎么要求都不听”的规矩；有些孩子还会跟投缘的“假日父母”交心，将一些不敢或不愿跟自己父母说的话告诉“假日父母”，从中得到情感的抒发和正确的引导；“假日父母”甚至会观察到孩子被自己父母所忽视的特质；作为参与者的父母也借由这个“互助会”，增加彼此交流的机会甚至结为好友，拓展了自己的人脉网络……

“QQ Learn 暑期营”则是童爸爸在心被玩大了后所提出来的构想——

规划出一个为期三天的“亲子单车夏令营”，用最具环保意识的骑单车方式来带孩子旅行。

参加这次夏令营的团员最年幼的仅一岁半，是坐在爸爸单车后座的“博爱座”完成整个旅行的；最年长者为陪同孙子参加的七十八岁的周爷爷；单车型号不一，有给幼龄儿骑的三轮车，有折叠式单车，还有拉风的变速单车，其中最吸引眼球的是王妈妈家的三人共骑的协力单车。

二十多年来，这个当初只是如同“互助会”的妈妈帮妈妈的行为演变而成的“QQ Learn 暑期营”举办了许多将生活与课业学习结合的各式营队，每个营队的任教老师主要是以参与活动的父母来担任，除非是太过专业的部分才请外聘。

这个由父母们根据各自工作领域、喜好专长所筹办的夏令营，除了在费用上会较其他暑期营队便宜许多，且借机让孩子了解到父母的工作专长，增加对父母的尊重与欣赏；而生活与学习相结合的活动项目，更有效地激发了孩子的学习兴趣，使他们找到了自我专长特质，培养了他们的自信心……

总之，经由“父母合作”的方式，一举数得地提供了亲子共同欢乐成长的机会。

应邀到一些学校的“父母成长班”去演讲时，经常会将“QQ Learn 暑期营”作为样板教材，来鼓励台下的爸爸妈妈们也能用聚沙成塔的方式，成立如此的“家庭互助会”，但往往得到的响应都是积极探询“QQ Learn 暑期营”的联系方式，想利用现成的资源。

在回应时我提出：“为何不自己找人一起来筹办新的‘家庭互助会’”的问题时，所得到的答案也都是支支吾吾的“工作太忙”、“没有能力”、“认识人太少”……

总之，许多爸妈都希望能省心省力地搭上顺风车，不愿意去做那吃力费心未必讨好的领头羊。

然而一个新观念新计划能否开展，完全是必须要有一个或一群肯带头傻干，将“吃亏就是占便宜”观念发挥极致的人。

介绍我和其他妈妈共同成立互助会共养孩子的文章，被新浪亲子网置于育儿首页后，得到了许多爸妈的响应，有爸妈说他们已结伙了几个家庭孩子来一起出游；有爸妈问：“哪里可以参加类似的团体？”当我回应：“做个带头召集人，自己成立个爸妈互助会吧！”得到的是：“没部妈你这能力！”还有博友干脆泄气地说：“这种爸妈一起来带好孩子的互助会，只有在台湾那种文化水平够高的地方才能做到。”

在大陆这种“爸妈互助会”的教育理念真的无法去落实推展吗？

不久，我得知“青岛育儿”的博主小龙，在看到我这篇博文后获得启发，立刻着手去成立了一个“妈妈合作社”。2009 年 4 月我帮青岛孩子设计的‘爱心 Bao.Bao’活动——由孩子卖报纸来挣替偏远地区孩子筹建图书室的费用，更是让我看到了异于一般妈妈常态想法——只愿意享有参与活动的权利，不太愿多事去做义务付出的热情心态。由此可看出这近一年来“青岛妈妈合作社”借由各种不同的活动形态，来改造教育青岛妈妈“不再只扫门前雪，也管他人瓦上霜”观念的成功。

这些义工爸妈都表示，当初起于爱自己孩子的私心，抱持着想让孩子借参加活动来结交朋友、增进胆识、培养语言表达能力、得到挫折磨练……但却在一次次的参与中，让自己的私心小爱，逐渐扩展为爱人孩子如己孩子的大爱之心。

在自己做妈妈近三十年的时间里，我在抚养教育孩子的实践中，深深体悟到想要将孩子培养成“优良人”，“爱”是最重要的一环，因为有对孩子的爱，才能让父母衍生出无限大的能力与力量。

郜妈老实招

“青岛育儿妈妈合作社”的组团方式值得借鉴——

一开始是通过网络论坛与校园网上的论坛互相交流、结识，然后有人登高一呼，组织去参访植物园、科技馆、滑雪场等活动；在网络论坛上还经常会进行一些颇为前卫的话题讨论；当有妈妈面临工作外调孩子无法照顾等问题时，“妈妈团”内有妈妈自动“顶位”来帮忙接手照管之职……

见“妈妈团”办的活动有声有色，自然就吸引了不甘寂寞的爸爸们来参加啦。

所以不妨从孩子学校家长、办公室同事、居住小区内开始“结团拉伙”。

第三章
让爱，成为一种教养习惯

养好孩子很简单，只要爱他就行。

但爱一时很简单，要持温如常的爱——却也不难。

只要把爱变成一个教养的习惯，让所有的养育与教育的出发点，都奠基在简单纯净、没有任何要求期待的“爱”上。

1 爱改变，先从改变自己开始

郜妈爱说笑

甲："昨晚我站在我深爱的一位女孩的窗台下对她唱了一夜的情歌，以表达我爱她的心。"

乙："哦，她有什么反应？"

甲："她扔给我一束花，只是忘记把那束花从花盆里取出来了。"

郜妈侃一侃

儿子读小学五年级时，学校发了一张问卷要他们填写，问卷中有一道题目是如此提问的：

"你最想对爸爸妈妈说的话。"

儿子填写的是：

"爸爸妈妈我爱你们。"

儿子将这张问卷拿回家来交给我，当我看到儿子那仍不脱稚气笔迹的"我爱你"这三个字时，眼底、心里同时涌起一阵热，但却故用随意的口吻对他说：

“嘿，小石头，爱爸爸妈妈为什么不说出来呢？”

儿子羞红了脸扭动着身子说：

“哎呀——我不好意思说嘛！”

我曲起食指轻轻地敲敲他的额头说：

“你不跟我们说，我们怎么会知道你爱我们？”

没料到平日显得笨口拙舌的儿子，竟反应灵敏地回了一句让我惊愕的话：

“没有榜样学习呀，因为在我记忆中没听过你和爸爸对我说过‘我爱你’。”

闻言一愣的我后来想想，的确从未听过感情内敛的丈夫对孩子说过“我爱你”；而自认为爱力十足的我，好像也只有当儿子还是小娃娃时，会啃着他粉雕玉琢的小脸蛋、小脚丫子，一口一个“宝贝心肝我爱死你了”地喊，但自女儿出生他升格做哥哥后，我就不知不觉地收起对他说过的那些肉麻话了。

我是不再爱儿子了吗？不，我依然珍爱着我这个宝贝儿子，但在我因为觉得他“长大了”后，就不自觉地改用行动来对他说：“我爱你。”

因为爱他，我利用繁忙的工作空隙，先利用各种管道打听各小学的师资、环境、教学理念，然后再一间间地去登门拜访实地观察了解；去克服不擅和陌生人打交道的个性，去勤于和老师联络，以便通过多次互动来增进与老师的沟通，而能给予他适宜的管教。

因为爱他，我会不论前夜多晚才上床休息，次晨仍一定准时在六点钟起床为他准备早饭，帮他把中午要吃的盒饭、水壶装进提袋里，再唤他起床、送去搭车。让他放学归家时，在楼梯口就可闻到家里的饭菜香。

因为爱他，不管一天多忙多累，都会拨出一点时间来和他聊天，听他絮絮叨叨地说一日里的快乐、气愤或忧伤；替他办活动来联谊同学感情，同时也让我有机会认识他的同学朋友。

因为爱他，我会去用心观察、发掘他的“特异功能”，并予以肯定、加强以增进他的自信心……

这些无言胜有言的爱，儿子他真的感受不到吗？

还是他仍希望妈妈能永远把他当个小娃娃般，能随时把他搂在怀里，给上一个大吻并加上甜蜜的一句“我爱你”呢？

我想起当我还是个小姑娘时曾经看过的一部片子，这部片子讲述一个十岁男孩贾森在母亲过世后，他那忙于工作并仍未从丧妻阴影中走出的爸爸，只关注到比贾森小三岁的小儿子失去母爱的孤寂心情，全然忽视被他认为“够大”了的贾森也是同样需要他的搂抱与关怀。

“被迫长大”的贾森后来因为意外而丧生。在生命垂危之际，贾森仍念念不忘自己无法完成《对父亲说我爱你》这篇文章，因

为 :“爸爸你从来都没有给我机会，让我对你说‘我爱你’。”

没有给孩子学习的榜样和练习机会，又怎能去责怪孩子不会将心底的爱化作言语来表达呢?

于是我开始从改造自己开始，经常在绕到他身边时就会去摸摸他的头或脸，或搂搂他亲亲他，说上一声 :

“我真的真的好爱你哟!”

刚开始儿子的反应是既害羞又惊讶，以一副不知道老妈哪根筋不对的眼光望着我，但是当天他的心情却会特别开朗，表现得也格外乖顺。

慢慢地，他也会在我窝在沙发上看书或观赏电视时，主动依偎我身畔，或用手搂着我的臂膀，或将头倚靠在我的肩膀上 ; 睡前会撅起小嘴说 :“妈妈，来个晚安大吻!”在家游荡经过我身旁时，会抛下一句 :“我爱我的妈妈。”直到长成二十六岁的小青年，每逢要离家时仍会抱着身高比他矮上一个头的我这老妈，情意深浓地说 :“爱妈妈。”

我喜欢儿子的改变，并庆幸在冀求他改变前，先由改变自己开始。

郜妈老实招

让孩子能感受到你的爱的方式有——

1. 爱的动作 : 经常跟孩子作肢体上的温柔接触，如轻拍他的肩膀，走路时牵着他的手或揽着他的肩，替他整理衣领头发，跟孩子离别时热情地拥抱与深情地挥手，给他做按摩……

2. 爱的语言：嘴上常说“有你真好”、“我真幸福能有你这样的孩子”、“每天只要看到你我就很开心”、“不论发生什么事我都会一样爱你”……口语和身体语言必须要一致。

3. 爱的眼神：每天至少要用爱的眼神去跟孩子接触一分钟左右，并且微笑地看着他的眼睛，具体地对他说出他至少一个好的表现。

每天一定要拨出一个“爱的陪伴时间”，专心去聆听孩子当天的喜怒哀乐心情，并表达同情与理解的关怀之意。

2 给孩子有温度的爱

郜妈爱说笑

爸爸狠揍了儿子一顿后说：

“处罚你是因为我爱你。”

儿子抚着红肿的屁股哭着说：

“我觉得我不应该得到你这么多的爱！”

郜妈侃一侃

“我的母亲曾是个没有‘爱的温度’的妈妈。”

参加朋友“钟”母亲的丧礼，代表家属致辞的朋友在追思礼拜上，对着众亲友说出如此一句让人大感惊讶且对死者“大不敬”的话。

因为“钟”的母亲在众人心目中，是一位即便是在家里也将自己拾掇得整整齐齐，从没见过她有大怒大悲大喜的失态言行举止的大家闺秀；是被许多常被母亲拿着藤条追着满屋匪窜、常口出怒言大声斥责蓬头乱发衣衫不整的孩子，视作拥有母仪天下高贵风度的母亲。

这样一个好女人好妈妈，怎么会被自己的孩子以“曾经是个没有‘爱的温度’的妈妈”来作为她这一生的盖棺论定呢?

但与“钟”相熟的我，却很能体会他此话中沉痛的遗憾。

因为“钟”曾有感于和母亲清淡的母子之情时，跟我说起他与母亲的关系——

我是直到五十二岁那年罹患重病，在生死边缘徘徊时，才第一次感受到母亲怀抱的温度，因为那是我自懂事有记忆以来母亲第一次抱我，并听她说出“你如果先走了，让我这做妈妈的怎样活下去”如此有感情的语言。

那也是我第二次看到我母亲落泪。我第一次看到母亲落泪是当突发心脏病死亡的大姐被送回家来时，母亲一个人躲在厨房内默默流泪，被突闯入内的我瞧见了，母亲立刻用手背抹去泪水，再也没有为大姐的死在人前落过一滴眼泪。

在成长的记忆中母亲从没有大声斥责过我们，更别提出手打过我们，可是当我们在外受了欺负，或受到老师严厉的处罚责打，她在听着我们对她的哭诉，或向她展示被老师责打得肿如面包的手掌心与小腿上的鞭痕，以为能得到她的搂抱抚慰时，她的响应却永远是冷冷淡淡的责怪：“一定是你们不好。”

我们经常看到的是她的背影，是她如工蜂般忙着干家务活的背影，和她带着我们沿着河边大堤，让我们轮流背诵她指定文章的背影。

记忆中我没听过母亲为我们哼过一支歌，也没听过母亲为我们讲过一个故事，即便后来她为我和姐姐带孩子时，这些事也都未曾看她做过。

母亲将家收拾得很整洁，用极俭省的金钱来做出既营养又好吃的饭菜，将我们都教养得各有所成……

对于这么一位聚好家管、好厨师、好老师等合乎中国传统“好女人”条件于一身的母亲，我却只有敬畏而无法发自内心地去爱她。

“钟”的二姐“明”由于认为“钟”在丧礼中说了“母亲曾是‘没有温度的妈妈”如此不得体的话，而跟“钟”大发脾气：

“你知道妈妈带大我们几个孩子有多辛苦吗？爸爸常年在部队里，薪水又不多，既忙又累的妈妈怎么‘有温度’得起来？”

“明”是“钟”口中一个——最有潜力成为另一个“没有温度”妈妈的人。

因为“明”不论是外表与持家待人作风完全与母亲如出一辙，而“明”给人最深刻的印象，就是忙与累，不论何时见到她，都是疾行如风地奔忙于这事与那事之间，脸上也总是呈现出紧张与疲累的神色。

或许是因为觉得有太多事情“需要”她来处理，“明”的个性变得越来越急躁，几次瞧见她不耐烦地对孩子与丈夫说：

“讲重点，我还有重要的事要忙呢，没时间听你东一句西一句地扯。”

“明”所谓要忙的“重要事”，可能只是要清洗几只碗盘，或每天都“必须”整理清扫得一尘不染的桌椅窗户与地板，或是每餐都“必须”满满摆上一桌的餐食，或是一两件丈夫孩子刚换下的衣物要洗……当然伺候公婆与照顾父母也是被她列为要忙的“重要事”。

她规定自己每个星期至少去探望公婆父母一次，替老人家整理屋子，做点“他们可以吃的”食物，或是带他们“出去走走”。

我曾在一个大卖场遇见“明”陪着她父母一起购物，看到她几次将父亲或母亲从货架上取下来的食品又放回去，听到她父母小声向她抱怨：

“你规定我们能吃的那些东西，实在是难吃得很啊。”

“想要好吃就没法要命，万一你们哪个生病了，我又得更忙了。”

后来听“钟”说他的母亲向他抱怨，说“明”太过揽事，不仅把自己弄得紧张忙碌，也让旁边的人被她搞得压力很大。

“钟”听了在哈哈大笑之余，也顺便消遣了一下在年纪大了后渐渐变得有感情温度的母亲：

“是因为你对姐姐‘教导有方’啊！”

而不知是否因为要弥补自己成长过程中的遗憾，“钟”娶的妻子不论在外表或是贤慧度上，都与他母亲两极化。

“钟”的妻子很少拾掇房间，洗好晒干的衣物就堆在客厅的一个大圈椅上，任由丈夫孩子自己去找寻穿着；笑起来哈哈哈地张着大嘴，看肥皂剧也会流眼泪；他家的厨房就是外面的餐馆，因为“钟”的妻子很少做饭……

“钟”的母亲给他媳妇的评分只有 50 分，但“钟”却甚爱这位最擅长也最喜爱做的事就是跟丈夫、孩子聊天、读书与玩耍胡闹,在他心目中虽没达满分但也相去不远的妻子。“钟”的说法是：

“我想找个愿意把时间花在彼此身上的人，而不是要找一个洗衣烧饭整理家务的保姆。”

他不愿妻子如他母亲般，因为耗费了太多的心力在那些可以交由“外人”去处理好的事，而浪费了她的情感能量，让自己成为一个没有爱的温度的“机器人妈妈”。

“钟”希望自己的孩子，能在一个虽不窗明几净，但却能常见妈妈温暖开朗笑容，有“爱的温度”的家庭中长大。

郜妈老实招

父母对待孩子的态度必须如恒温器般的稳定，不要像个温度计般随着自己的情绪或孩子的表现而高低起伏。

要珍惜与孩子的每个互动、每天细微的相处，才能建立彼此深刻温暖的依附关系。如果不肯在平日多抓住一些亲子互动的小机会，就不能去期待能等待到你所认为的参与孩子生命中的重要时刻。

3 妈妈，人都会死吗？

郜妈爱说笑

深夜里，在小山羊分布的小山丘上，一个死人骷髅踏着滑雪板，“咻”的一声速度飞快地顺着惊险的滑雪坡道滑下去。

一只小山羊见到此情景，惊讶地张大嘴对旁边的山羊同伴说：

“对他来说，光死一次还不够过瘾啊！”

郜妈侃一侃

得知汶川大地震的消息时，我正陪同一群台湾故事妈妈们在上海作“早期阅读”的演讲。

看到电视荧屏上那群死里逃生的孩童，因过度受惊而显得呆滞的小脸儿，和抱着儿女的遗体痛哭失声的父母，台湾故事妈妈们流泪了，因为九年前，在台湾的电视荧屏上也出现过同样的画面——

一场震中位于台湾日月潭的7.3级地震，造成四千多个家庭破碎，数百个孩子成为无父无母的孤儿……

次日，艾士妈妈将原本要讲的内容甜美的故事，改为讲述战争孤儿的故事。她的理由是——

在现今这种充满了不可知天灾人祸的时代里，为了孩子，做父母的我们，必须适时地给孩子一些“现实生活中也存在灰暗一面”的思想教育。

艾士妈妈的这个论点，让我回想起儿子六岁时，我跟他谈论“死亡”这个话题。

话题源起于跟儿子说完睡前故事“小美人鱼”时，六岁的他问我：

“妈妈，美人鱼变成泡泡是不是就是死掉了？”

我说：“是。”

“那是不是每个人都会死呢？”

“是。”

“那么爸爸妈妈你们也会死了？”

“是，而且爸爸妈妈因为比你老，所以爸爸妈妈应该会比你早死。”

儿子大哭起来：

“不行不行，我不要你们比我早死，你们死了我怎么办？”

我赶紧搂抱起他，并出言安慰道：

“你放心，爸爸妈妈会很努力地活到你长大了，有了自己的太太和小孩后再死掉，不会让你孤单一个人的。”

儿子还是哭个不停：

“我不要，我还是要你们活着，不要你们死！”

我抱着哭泣不已的儿子，心里也酸酸的，因为我知道，虽然我跟他“保证”自己会努力活到他长大，但人命如草芥，当风来时谁也无法控制其生死。

正在母子二人相对哭泣的当儿，三岁的女儿拿着一本书摇摇摆摆地走来：

“小星星亮晶晶，说星星的故事。”

那是一本儿女都很喜欢的，讲述鄂伦春人认为人死后会升上天空变做星星的故事书。

故事讲完后，儿子不哭了，睁着被泪水洗得晶亮的眼睛问我：

“妈妈，你死了以后，也会像那鄂伦春的老爷爷一样，升到天空做星星看着我吗？”

我望着窗外蓝绒夜空上向着我不停闪眼的星星，温柔地对儿子说：

“会的，妈妈一定会变成星星，在天上看着你的。”

后来，有机会又跟儿女一起阅读由美国作者利奥·帕斯卡尔力亚所写的一本教导孩子认识死亡的绘本《一片叶子落下来》。

利奥·帕斯卡尔力亚拟借着一片名为“弗雷迪”的叶子，在由初生的嫩芽逐渐成长为宽壮的树叶和步入飘零的生命过程中，跟另一片先它发芽成长的大叶子“丹尼尔”的对谈，了解到生命存在的意义和如何平静地接受死亡。

阅读完后，我问当时分别是十岁与七岁的儿女，明不明白作者真正要告诉我们的话是什么。

十岁的儿子说：

“无论是大是小是强是弱，任何东西都会死。”

七岁的女儿说：

“在面对我们不知道的死亡时，会害怕是很自然的事。”

“为什么？”

“因为老叶子丹尼尔说——死亡就跟春天变夏天，秋天变成冬天一样，都是一种自然的变化，你并不害怕，而死亡也是一种自然的变化，所以为什么要害怕死亡呢？”

这是我两次跟幼小的儿女谈论死亡，第三次跟他们谈论死亡，是在我签下“遗体捐赠医院做解剖研究卡”后，将自己的决定告知他们，那时儿子已二十岁，女儿十七。

“捐赠单位说，我的遗体解剖完后会火化，骨灰会用个很漂亮的琉璃罐子盛装，那罐子是名家的作品，漂亮极了，用来装骨灰实在太可惜，所以你们把我的骨灰洒在我们住的小区的一棵树下，那罐子洗一洗后可以拿来放在橱柜上当装饰品。你们想妈妈时，就到洒有我骨灰的树下坐一坐，当风吹过树叶时，就是妈妈在跟你们说话；妈妈想你们时，也可以很方便地就回家看你们……”

我沉浸于自己用言语所构思出的“诗意忧伤”情境中，但儿子和女儿却大煞风景地狂笑道：

“妈妈求求你，死了以后不要随便跑出来吓人，我们这个小区的房价会下跌的！”

对于儿女的反应，我先是一愣，然后也随之开心地笑起来，因为我“放心”地想到，在面对“死亡”这个话题时，儿女已经可以用比较轻松自然的态度来应对了。

我相信有朝一日，当他们面临至亲最爱之人的死亡时，他们虽然一定还是会伤心难过，但是他们不会被悲伤击倒，而是会更珍惜每位和他们一起走的人，并且会走好自己的每一步，健康快乐地面对每一个新的一天。

郜妈老实招

我们做父母的，有心却没有能力对孩子应许保证，天色常蓝、花香常漫、常晴无雨、常安无虞；但我们可以用一个个用心跟孩子去讲述的故事，来让他们从中得到无限的体谅，在危难时能心中有依、行路有光、生活有力，相信有不死的爱长伴身边。

4 陪孩子再过一个童年

郜妈爱说笑

妈妈：“瞧你怎么玩的，把手玩得这么脏！你说说看，你什么时候看过妈妈把手给玩得这么脏？”

女儿：“没有，妈妈，我从来没有看过你像我这么大做小孩的时候。”

郜妈侃一侃

做记者时，经常有机会去访问一些事业有成的人，这些在各行各业颇具影响力的人士，有许多可传述的事迹。可是说也奇怪，让我印象深刻听了之后久久难以忘怀的，却往往是一些发生在他们生活中极其微小的事件。

像访问在国际上颇具知名度的艺术家 W 时，他说着说着，突然话题一转到他在少年时，因羡慕一位同学家中亲子和乐相融的气氛，于是鼓起勇气想要打破平日家中“小孩有耳无嘴”的亲子相处模式，去向严肃的父亲轻松笑谈自己的在校趣事，结果他在自拉自唱了半天后，发现父亲对他的响应竟只是脸上无一丝喜色地瞪着他。

他在父亲的默然瞪视下讪讪打住话语，此后便再也未曾尝试过和父亲轻松谈话。

W 先生说这往事时用的是白描法，但在我的脑中却形成泼墨的效果，一幕幕属于传统中国父母与孩子尴尬的亲子关系情景，重重叠叠地在我脑海中呈现。

阿慧陪着她一双女儿小鱼儿和小金牛，悠游自在地度过她们的童年——是女儿们的，同时也是她自己的画面交错其中。

跟阿慧结缘起于我的一本书，她是出版社指派给我的美术编辑。个子矮胖面容平凡的她，实在很难让人将她和“美”扯上关系。因此当在跟她进行第一次会谈后的十日，看到她放在我面前的，那全然符合甚至远超乎我所想、充满着温馨明朗风格的绘画时，我是既惊讶欣喜又为自己的“以貌取人”觉得羞愧。

后来跟阿慧成了好朋友，发现她不仅是个优秀的画家，还是一个没有错过“跟孩子再过一个童年”的“幸运”妈妈。

她以有孩子为借口，理直气壮地跟着孩子无所事事地飘荡嬉戏、问东问西、探索万事万物的奥妙，让原本已在岁月与生活的折磨下，变得麻木迟钝的诸般“神经”，如春风抚过的树芽般又重新伸长舒展开来；重新用最新鲜、充满好奇的童稚之眼，再去看看这个陈旧的老世界；重新用最敏锐、易感的童稚之心，再去感应体会这人世的情意……这一切她曾“看老”的，在跟着孩子“还童”的经历后，让她觉得彷佛生命又重新活过，但却更懂得去珍惜、把握与体会更多更深。

投资大师吉姆·罗杰斯也是一个跟着女儿一起“返老还童”的幸运爸爸。

吉姆·罗杰斯是在六十高龄才拥有第一个孩子，从五岁开始就对工作与赚钱充满兴趣的他，在一般人都热衷于生养子女的青壮年期，视孩子为浪费时间与金钱的“无用品”，直到老来做了“人生最大的冒险”成为两个孩子的父亲后，于沉浸在跟孩子一起慢慢长大的历程中，为自己开启了一扇扇前所未知未觉的快乐之门。

是狗仔教父也是创业天才的壹传媒行政主席黎智英，在将届六十岁时又老来得子，面对记者探询“这把年纪又喜获麟儿的心情有何不同”时坦承，年轻时因为把太多的自我加诸在教养孩子里，给他们的时间和空间都不够多，在做了老爸爸后，会试着用“爱”去宠孩子，而不是用自己所需要的、自己得不到做不到的、希望孩子能替你达成的“虚荣”，不是爱小孩而是爱自己的方式去宠他。

而放弃“自我虚荣追求”，陪孩子一起用初始澄澈的心灵去认识这个世界再过一个童年，其实是上天赐给做父母的最具恩赐的报酬，但真正会去、肯去、懂得享用的父母又有多少呢？

在一家跨国银行担任要职的J，有感于跟儿女的感情越来越疏淡，特别请秘书小姐替他搜寻到亲子专家的建议——每天拨出半小时来和孩子说话。于是每天都赶在孩子临睡前归家，召集儿女坐在客厅里聆听他半小时诸如——好好学习努力向上的训示，即使身在国外不便归家，也坚持采用视频的方式和孩子“说话”。

结果一个月下来，不仅没有改善亲子关系，反而让孩子见他如同遇到鬼，避之唯恐不及。

这虽是一位教育专家所说的亲子笑话，却也是目前许多家庭中仍摆脱不了的，父母不肯放弃大人的角色，让自己回归到与孩子“平思平想”的“同”年，子承父传，“父母说孩子听”的亲子相处方式。

楷楷妈妈曾在她的博客里忧心忡忡地写道，她三岁的儿子是个只要一睁眼下床就说说唱唱跳个不停的孩子，她很担心自己的孩子是不是“有病”，需不需要带他去看儿科医师。许多热心的妈妈纷纷提供优秀的医师名单，但有一个年轻孩子却在这篇文章的评论栏里留下了一句反问语：

怎么，什么时候“快乐”也成为一种病了？

当我看到这句留言时如遭雷击——

是啊，在我们大人自己忘记了快乐，忘记是生活给了我们痛苦，忘记是社会告诉我们活着要忍受规范所带来的不快乐，忘记了自己童年也曾如此单纯的快乐无忧时，我们在面对快乐的真实面貌时的反应竟是如此的错愕与恐惧！

生命循环的意义究竟是什么？是在全然复制父母给予我们良莠不齐的生活经验，还是试着让自己跨越年龄的障碍，再回到童年的心情，在孩子的身上看到童年的自己，并发现当初自己父母的反应，曾带来亲子间多大的痛苦与鸿沟？

孩子，其实就是做爸妈的我们最好的学习与明白。

就让我们放下大人们所有的牵挂、担忧，放心快乐地跟着孩子一起“再度”童年，去实现孩提时未曾来得及实现的许多快乐吧。

郜妈老实招

摆脱不良宿命循环的最好方式，就是要很自觉地起来“革自己的命”，不要让自己的童年在糊里糊涂中溜过去后，又放弃了上天再赐给跟着自己的孩子，再过一次“童年时光”的机会。

5 忙爸爸苦孩子

郜妈爱说笑

儿："爸爸，我功课做完了，晚上带我去看马戏表演好不好？"

父："不行，爸爸晚上要忙没空！"

儿："我听同学说，这次来表演的马戏节目很精彩，有一位衣服穿得很少的阿姨站在老虎背上跳舞耶！"

父："哦！这样的吗？那好吧，我今天晚上带你去看马戏，因为爸爸也已经很久没看过老虎了。"

郜妈侃一侃

8 月 8 日晚上，丈夫和我都已经熄灯准备就寝了，突然接到在上海的女儿的电话。女儿在电话彼端祝丈夫父亲节快乐。

接到女儿祝贺电话的丈夫很开心，但还是故作生气地说："父亲节都要过去了才想到打电话来祝贺，一点诚意都没有。"

“哎呀，谁让父亲节很少人提起嘛，所以很容易就会被忘记啰！”

跟 5 月的母亲节相比，8 月的父亲节的确冷淡得多，甚至连 8 月 8 日的父亲节，都是想要行销男士用品的台湾商家给硬拗出来的一个节日，不似母亲节是个国际认定的节日。

不过大家会忽视给父亲过节，不能单怪子女的大小眼，做父亲的也得负上很大的责任，因为实在有太多的父亲在陪伴子女成长路上缺席。

国际巨星成龙曾在受访时说到自己的一件糗事，某天他在心血来潮下，跑到儿子学校去接他放学，未料到成龙这个想给儿子一个意外惊喜之举，最后竟变成他自己的一个意外惊恐。因为担心错过儿子放学，而提早去校门口等候的成龙，在左等右等看到学校的孩子都走光了，还不见自己儿子踪影时，着急地打电话回家探询，这才发现儿子早就在他“不知不觉”中长大为一个中学生，不再是他心目中的那个小学生了。

类似成龙这般不清楚自己孩子究竟多大、上几年级的爸爸其实比比皆是，因为每个爸爸都很忙，忙着去应付许多“大事”，因此像抚养儿女这种小事，往往都交给妻子和学校老师去负责。

所以经常会听见做爸爸的用万分惊讶的口吻说：

“哇，躺在床上的儿子变得好长了啊！”

“什么，女儿已经要升小学了？！”

或是带着失落的口吻说：

“女儿现在都不肯让我亲给我抱了……”

“好怀念以前儿子缠着我要我陪他玩的日子，现在我要陪他玩他都会嫌烦拒绝呢！”

“现在儿子都不肯让我去学校接送他了，有一次，我不顾他的拒绝，偷偷跟在他后面，结果他一回头看到我，居然不是开心而是把眉头一皱，我只好装作是恰好路过的陌生人。”

我们这些做妈妈的，听到爸爸们的这些怨叹心声，不仅不会生同情之心，反而会兴灾乐祸地说他们是咎由自取，谁要他们不肯拨出时间来和孩子相处。

可是做爸爸的却是满怀委屈，认为自己之所以会忙得错过孩子的成长，还不是为了想让孩子过更好的生活，能留给孩子股票、汽车、房子、存款……

然而这些在父亲心目中的“好”东西，真的可以弥补替代他在孩子成长中“缺席”的遗憾吗？

近些年兴起的早教理念中，有一项是当孩子还在母亲肚子里时，父亲就要时时抚摸着妻子的肚子跟子宫里的孩子说话。因为根据研究显示，在母腹中经常可以听到父亲与他说话的孩子，较很少听到父亲说话的孩子，在出生后情绪会明显地稳定平和。

长期受到压迫、捕杀被迫流浪天涯长达一千九百多年之久的犹太人，之所以能坚持不放弃其犹太人身份，并且在世界金融、商业、艺术、法律等行业中，皆有能左右国际潮流动向的卓越人物，其因素就是父亲没有在世世代代的传承中缺席。

而联合国将“国际家庭日”的主题定为“父亲与家庭、责任与挑战”，也是因为从许多研究证明中看到，父亲与孩子互动交流得越多，孩子就越少暴力的倾向，能在父亲爱的陪伴下成长的孩子，人格会更健全。

目前，在很多国家，有些爸爸们也意识到了父亲在教养孩子上的重要，于是辞职回家去陪伴孩子成长；在瑞典甚至还立法规定男性也可以享有“留职停薪”的育婴假，从而鼓励更多的男人回家带小孩，享受育儿之乐。

近些年来台湾也有一些爸爸们响应“辞职回家带孩子”，其中还包括一位从事音乐创作工作的台湾知名艺人。

这些甘做“袋鼠爸爸”的男人在与人分享育儿经验时，都觉得他们做了一件人生最佳的投资选择，因为能看着孩子由不会翻身的“植物”，变成会爬的“爬虫类”，再逐渐成长为会站立行走的“灵长类”，是从事任何工作都无法得到的最幸福奇妙的经验。

不过这些“袋鼠爸爸”们还是有他们的困扰，就是常常不知如何回应邻居“怎么不去上班而在家带孩子”的询问。

因为虽然在台湾地区现行的性别平等工作法中，允许男性请育婴假，但是该法规实施了六年以来，只有六位男性申请。所以虽然一些妇女团体再三呼吁台湾地方政府正视职场男性请育婴假的问题，但是相信即便是“男性育婴留职停薪法”通过了，也未必能让爸爸们愿由“主外”改为“顾内”——在家照顾孩子，因此倒不如去教导忙爸爸们如何能忙中偷闲地不在孩子成长中缺席。

忙爸爸如何拨出时间来和孩子相处呢？

安安妈妈教给安安爸爸的一招，很值得爸爸们作参考——就是将陪伴儿子安安的时间，列入他的行程表里。

这个被以“安安时间”之名，记录在安安爸爸记事本里的时间有短短的二十分钟，刚好够给安安讲一个故事；也有一个小时够跟安安玩场球或游个泳、溜场冰、杀上几盘棋；更有长达数天可以陪安安和他妈妈去度个假……

在“安安时间”里，安安爸爸不接电话，把手机关闭，全心全意的就是陪伴。

在刚开始执行“安安时间”时，安安爸爸有几次因为身体疲累或因有公事烦心，有点心不在焉，孩子立刻觉察到了父亲应付的心态而很不开心，让安安爸爸警觉到孩子虽小，却并不笨到可以任大人去糊弄。于是便知过能改地开始将“做大事业”的专注精神用于这陪伴时间，结果发现即便是相处时间短短，孩子也能因从中得到了父爱的满足，而变得情绪稳定，较易接受父母的指导要求，不会胡乱吵闹；他自己也从陪伴孩子的过程中，让身心得到休憩，压力得以释放。

父亲在孩子的生命中，是有陪伴限期的，做爸爸的千万不要在有效期限内，总是只会用剩余的时间或用打发的心态去陪伴孩子，因为迟早孩子会看清你究竟是在认真用心地参与他们的成长，抑或只是敷衍应付，你留给他们的印象，将会衍生成以后孩子报答你的态度。

做妈妈的也千万要帮助和提醒做爸爸的，不要让他的“忙”，造成孩子心灵中父爱的“贫”乏。

郜妈老实招

跟孩子的约会绝对不可以爽约，并且一定要认真参与。

在这段陪伴时间内，一定要把儿女当作主人，你要抱持客随主便的心态。

不要把陪伴时间当作“上课时间”，而拼命想在这段时间内“灌输”与“增进”孩子一些知识与能力。

6 让孩子长出梦想的翅膀

郜妈爱说笑

儿："妈妈，做父母的要鼓励孩子有梦想对不？"

妈："没错，你有什么梦想？"

儿："我梦想自己将来能成为一位伟大的南极探险家。"

妈："嗯，挺不错的梦想，你想怎样去达成呢？"

儿："我想就先从'不怕冷'开始锻炼起吧，所以从今天起，你每天给我一块钱买冰棍吃。"

郜妈侃一侃

数年前有位十六岁的日本青少年中务显贵，利用寒假期间来台湾作为期半个月的单车之旅。

中务显贵和许多与他同年龄的孩子一般，有着繁重的课业压力和平凡的家庭，唯一和其他孩子不同的是，中务显贵小小的心灵里时常翩飞着不同的梦想，而他的父亲不仅不去责怪他"不切实际只会做梦”，要他“把心思放在升学考试上”，而是鼓励他“勇敢去梦和想办法去实现它”。

“骑单车去看世界”就是中务显贵的梦想之一，并且在他十一岁时就逐步从日本、美国、瑞士与中国开始展开他的圆梦计划。

中务显贵目前是个就读日本一所普通大学成绩中等的学生，他的未来究竟是否会较其他从未勇敢追梦的孩子更成功，还是一个无法看到的未知数；然而他较同龄甚至许多年长于他的人更独立勇敢的个性却得到大家的肯定；而能拥有一个全力支持他“想梦就去筑梦”的父亲，更是许多孩子的艳羡点。

不记得曾在哪个省份的电视台新闻中，看到报道一位十多年来坚持研究制造飞机的老农民。

老农民不识字，所以自然看不懂任何有关造飞机的书，是个没啥知识的人；又住在那种外人罕至、信息缺乏的农村，因此想必连常识也缺乏，所以他造飞机全然就凭着天马行空的想象。

他起初想要能“飞得起来”必须有翅膀，又想风筝没翅膀但也能飞得起来，靠的是风的助力。

“如何去制造乘风的效果？”老农民每天边干田地活边胡思乱想，活做完了就去搞实验，将省下的每一分钱都去买做飞机的材料，甚至有一次还拆了祖屋的木料来做机身，将即将收割的麦田铲平成一个助飞跑道，把家人气得哇哇大叫，兄长和妻子都恨得要跟他拼命。

老农民前后试飞了十来次，每次的试飞都引来不少村人寻乐子、看笑话，瞧这个痴人又在搞啥“飞机”。

在第十七次试飞时，他的飞机在倚靠拖拉机快速拉行助跑后，真的飞起来了，虽然飞得并不高，但“真的”在离地而飞。

一些平常把他当疯子傻瓜一样戏弄讥讽的村民，全都张大了嘴发出“哇哇哇”的惊叹声；原本因不愿跟着他在众人面前丢人现眼而躲进屋内的家人们也跑了出来，抬起头往天上瞧；全村的孩子则疯了一样地追着飞机跑。

得知消息的记者跑来采访他，问他为何会着迷上造飞机，这位老农民回答得可妙了：

“就是有这个想头嘛，想飞上天去看看自家的田地和屋子，在高处看是啥个模样。”

“那为何一次次失败了，还能不放弃？”

“因为还是有这想头嘛，只要有那想头在，就继续做下去呗！”

多么憨拗的回答，却不得不让人敬佩他，能不畏旁人的讥讽阻挠，仅凭着刚强倔犟的意志，去将自己的梦想付诸实现。

而奇迹，居然也就这样被他给创造了出来！

在看了这个就发生于我们中国土地上的故事后，你还会忽视自己孩子的“痴人说梦”吗？

然而追梦的本身有点像赌博，每个人胜出的几率都不相同，这也就是虽然有许多心灵专家都谆谆呼吁人们，如果能在人生有限的时光中“有梦就追”，或许心灵中的缺憾会减少些，成就感和幸福感也会相应地增多些。

每个人也清楚在追求梦想的过程中，总是能让一颗心发亮，然而在梦想与现实之间却常存在着许多矛盾，这也就是许多为人父母的，不敢如中务显贵的父亲般，放任孩子去做梦追梦的原因吧。

不过你是否也从老农夫造飞机的故事中看出来了——

“梦想＝成功”的主元素在于“逐梦踏实”。

梦想可以是出自一念之间，但没有任何一位追求梦想成功的人，是仅靠一念之间成功的，而是靠脚踏实地一步步地实现梦想。

因此，我们做父母的在鼓励孩子去说梦谈梦之际，也要帮助他去思考“如何才能将‘梦想’变成‘理想’去逐步达成，而不是让它仅停留在脑中挂在嘴边，变成‘白日梦’”。

要时时提醒与鼓励自己和爱做梦的孩子：

“一个人的梦想有多大，他努力的空间也就有多大。”

很喜欢一首福音歌曲《小小的梦想》——

蓝天是白云最美的故乡，大地是小草成长的地方。

海洋是河流安歇的暖房，梦想是未来幸福的天堂。

小小的梦想能成就大事，只要仰望天父的力量。

小小的梦想能改变世界，带来明天的盼望。

相信写这首歌词的作者一定是深有所感——

即便是再平凡的人，一旦决定去坚持圆梦，也都会有令人动容的故事产生。

部妈老实招

如何鼓励孩子“发梦”？

当孩子跟你说起他的愿望或梦想时，做父母的永远第一个要采用的是“！”而非“？”的语句。

如何让孩子按“梦想＝理想”去执行？

第二个使用的语句是“？”，向孩子提问，他认为可以用何方式去完成梦想。

7 不要把伤害代代相传

郜妈爱说笑

爸爸看到小海考了零分的数学考卷，气得要找棍子揍他，小海连忙向爸爸做出制止的手势说：

“爸爸，在你揍我之前，我能不能问你个问题？”

爸爸：“好，你问吧！”

小海：“爷爷以前会因为你考不好而揍你吗？”

爸爸：“当然会，在我成绩考得不够理想时，爷爷都会狠狠地揍上我一顿。”

小海听了郑重地对父亲说：“爸爸，如果你愿意和我合作，我们可以一起来终止这个恶性‘遗传’！”

郜妈侃一侃

“你希望给儿女们留下什么样的记忆？”

在教会青少年团契[①]里担任辅导工作的松，在某一次的小组

①团契：教会和其他形式的基督徒聚会。

聚会时突然将这个问题抛给在座的父母。

几乎每个父母的回答都是“爱与喜乐”，然而，孩子们对于父母的记忆又是什么？

“3 岁时我因为坚持要穿自己喜欢的衣服才肯出门，妈妈生气地说：不听话那就留你一个人在家好了！把我锁在屋子里，虽然只有一下子妈妈就又打开了门，但害怕妈妈不要我的这个记忆，却在我心里造成很大的阴影。”

“不记得几岁，总之应该是很小的时候，妈妈喂我饭但我不想吃，妈妈就用筷子打我的脸。”

“一次写作业时，因为一直达不到妈妈要求的标准，妈妈生气地将我的作业本撕掉。”

“父亲把我的成绩单摔到我的脸上说：考这么点分数还好意思拿回家！”

“有一次我考了第三名，以为会得到父亲的赞扬，结果父亲却说：真是太阳打西边出来了，不会是靠作弊得来的吧？”

……

甚至连被教友们认为是“圣人”的牧师，他给儿子的记忆竟也是让人吃惊的“爸爸拿着棍子追我，我吓得在床铺底下躲起来”。

这些爸妈都不爱孩子吗？

不，只是在爱的过程中他心中的那个“天平”失衡了，倾斜到自己的期待标准上。

因此当孩子达不到他们的预期，父母便会以一些实际上是情绪性的言行，但却被许多父母美化为“管教”的方式来逼迫孩子就范，幼小的孩子虽然多半都会因为害怕失去父母对他们的爱而顺服，但却在记忆中留下了伤害的阴影。

父母对孩子的伤害常不是出于故意，而是因为有太多的在意、善意、自以为意，以及无意复制了自己父母所给予爱的方式。

担任亲子辅导工作二十多年的朋友汪说，他在辅导的过程中看到家庭中最大的悲剧就是“把伤害代代相传”。

许多被父母不当管教方式伤害的孩子，在成为父母后，往往不自觉地“复制”自己被父母的伤害，加诸到自己的孩子身上。

汪的话让我忆起以前曾共事的一位电台同事“文”，工作能力强、人也够仗义的他人缘却极差，只因他有一张从不会说好听话的嘴。他也知道自己有这个坏毛病，但却总是管不住自己冷嘲热讽的说话方式。

后来“文”因为婚姻破裂去寻求心理咨询，在心理医师的协助下回头检视自己的童年生活，发现父母为他所建构的家庭，以及父母所给予他的教养方式，竟对他人格的建成与人际交往（包括与婚姻中的另一半）有着极密切的联系。

他那张从不会说好听话的嘴，是因“从未听过父母正面肯定的鼓励与赞美”。

“我爸妈因为承袭着东北老家‘孩子经不得夸，会被夸坏了’的老思想，所以我听过最好的赞美话是某次我穿了件漂亮衣裳，美滋滋地去给妈妈看，妈妈的回应是：‘哟——你还真是屎壳郎戴花——臭美着呢’！”

这次的咨询不仅让“文”寻觅出了无法好好处理人际关系的问题源头，理解到与其去怪罪父母给她教养上的伤害，不如谦卑下来去看到自己所要学习的功课——

不管自己的人生经历过什么样的伤害，都要设法让它得到医治，并且时时提醒自己不要将伤害“代代相传”下去。

在众人眼中是“新好爸爸”的勋的亲子成长故事，也带给我们为人父母者一个很大的警醒和鼓励。

勋成长于一个单亲家庭，父亲的外遇让好强的母亲希望用严厉的管教来让孩子“没有爸也能成才”。

勋在成家后，虽然一心想要给孩子最深的父爱，但是在孩子逐渐成长，以及来自工作与经济的压力日大之际，他落入了教养的轮回中。

他开始用最快收效的处罚责骂来管束孩子，并且看到了效果——只要他出声大喝，孩子一定会乖乖听话。但是他也同时发现他开始在失去他的孩子，儿子不肯再跟他睡，哭泣时也推开他的拥抱，只要他在家时孩子永远是远远地避开他。

有一次，儿子不知因何事引发他一场痛骂，孩子在他口不择言的怒骂中吓得尿湿了裤子。

当勋看到儿子紧紧抓着裤子，啜泣惊恐地望着他时，他吓了一大跳，脑中浮起自己年幼时被母亲用竹枝痛打的情形；舅舅和妻子曾提醒他的话语也顿时涌上心头——

“不要移植你母亲的严厉，并复制你父亲和你的距离。”

“不要把我们童年记忆中的痛苦延续到孩子身上，让它到我们这一代就好了。”

勋总算了解到，原本一直以为问题是出在孩子的身上，其实是上帝要通过发生在孩子身上的一些问题，来让做父母的人检视与处理自己的生命“盲点”。

我们绝大部分的功课通常不是来自学校的学习，而是从人生中学习，孩子则是我们生命中最能激励我们学习的老师。

我们在学习做父母的过程中，会有无数的挫折，但只要有心有爱，我们就能从挫折中学习到许多成功的经验，让挫折不是去摧残我们的亲子关系，而是去造就更美好的亲子互动回忆。

郜妈老实招

做父母的必须先学会——

1. 跟自己“和好”：不要跟自己过不去，接纳自己的情绪与压力，并且设法调适，不要将那些加诸到与孩子的相处中。

2. 跟孩子和好：试着检视童年的自己，以同理心去想象孩子说这话做这事时的目的究竟是什么，自己是否也曾因类似的言行被父母喝骂而伤心退缩呢？

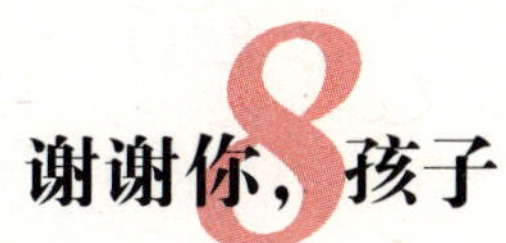

谢谢你，孩子

郜妈爱说笑

母亲节晚上妈妈在厨房里洗碗，女儿走进厨房对妈妈说：

“妈，今天是母亲节，您就不用洗碗了。”

妈妈听了十分感动，正打算把围裙脱下，擦干双手，不料女儿却接着说：“这碗就留着明天再洗吧！”

郜妈侃一侃

和女儿逛礼品店的贺卡区时，女儿突然问我：

“有母亲节贺卡、父亲节贺卡，为什么却没有‘儿童节贺卡’？”

我无语……

“母亲节、父亲节时，孩子若不送礼物给爸妈，写‘谢谢爸爸、妈妈，我好爱你们’的贺卡，就会被批评为‘不孝’；为什么儿童节时，却从来没有爸爸妈妈写贺卡来谢谢孩子并说爱他们呢？真是不公平！”

是啊，为什么做爸爸妈妈的我们，从来没有想到过，写上一张卡片给孩子，说“谢谢你，孩子，因为有你，让我有机会能做一个母亲（父亲）”呢？

由女儿这番充满质问的话语，让我回忆起儿子读高二时，由教会青少年团契所策划，让孩子打扮得美美的“陪母亲吃顿烛光晚餐”的活动来。

那天的烛光晚餐后还有余兴节目，孩子们拿着乐器或穿上舞衫，为妈妈们献歌献舞。但最精彩的是在歌舞后，孩子们上台向母亲致上感恩之意。

望着那些争先恐后上台向母亲致谢的孩子，我越听越不是滋味，因为那些孩子口中妈妈的大恩大德，不外乎是早起晚睡地替他们烧饭洗衣……我这妈妈也并没少做哪一项呀，但我那不孝子却稳稳地坐在我身旁，没有丝毫想上台去对我“歌功颂德”之意。

我忍不住用手膀碰碰他说：

“嘿，儿子呀，上台去给妈脸上添点光吧！”

儿子酷酷地拒绝道：

“不去！”

过了五分钟，我又忍不住再碰碰他：“拜托，上台去说些妈妈的好嘛！今天是母亲节耶，让我开心一下嘛！”

“不去——”

又过了五分钟，我再推他，儿子一闪臂膀说：

“警告你不要推我哟，如果你推我上去，我就说，你这妈天天在外面乱跑一通，从来不像其他妈妈一样在家专心督促我和我妹的学习。”

我一听吓死了，唯恐他真上台去揭发我的不合传统模范妈妈之处，不敢再推他，便气嘟嘟地把身子坐离他远一点。

幸而常爱胡思乱想的我，不一会儿就被一个奇想给抚平了怒气——

为什么母亲节时，一定要孩子向母亲致谢意，母亲不能向孩子致上“因为有孩子你，才让我能感受到作为一个母亲的骄傲与安慰”呢?

我很想上台去跟那些孩子抢麦克风，在大众面前向我的孩子说“谢谢”，但却因为害羞而怯了步。

活动结束后，跟儿子挽臂踏月归家，我把先前动念想上台向儿子说“谢谢”，却因害羞而未当众说出口的那些感谢辞告诉了儿子，儿子听了很高兴，把我挎在他臂弯的手紧了紧。

“妈妈，其实我也很想上台去跟大家说说，你这妈妈虽然不像其他妈妈一样，在生活上对我和妹妹照顾多多，但我却觉得有你这样的母亲其实也挺不错的。可是我也跟你一样，好害羞在人前说出自己心里的话啊！”

儿子出乎我意料之外的回应让我大感庆幸——

幸而我这做母亲的敢于抛开矜持向孩子说出藏于心中的感情，才能让孩子在感受到母爱的鼓励下，勇敢地说出自己对母亲的爱。

想想看，你有多久的时间没对孩子说“我爱你”？有多久时间没有用“欣赏”的眼光看你的孩子？有多久时间没有搂着孩子一起看书、说晚安故事？你曾对没有拿过第一、没替你添荣耀长过脸的孩子说过“我真高兴能做你的妈妈爸爸”吗？

每逢儿童节和孩子生日时，相信你一定早早就准备好了送给孩子的礼物，但请不要忘了，给孩子一个甜蜜的拥抱和一句真挚的道谢——

谢谢你孩子，因为有你，让我有机会能做一个母亲（父亲）。

郜妈老实招

设计出感谢孩子的一句话或一个动作。

设计出一个“感谢轰炸表”，让家人都来参与，看哪个人的感谢辞或方式最动人。

第四章
放弃一点点

生命有限，求全不易，如果总是将眼光停留在那“不全”的一点上，再轻微的事情也会变得沉重。

在教养孩子上也是如此，必须让自己学习不必面面俱到，能智慧选择放弃可以填补圆满的那一点点，让自己能安然站在得失的中间点上。不因小弃大，把自己困在浅滩，而是能将眼光移向大海、蓝天。

1 M 型社会的“减法育儿术”

郜妈爱说笑

儿："爸爸，你曾经说过，如果这学期我能升级的话，你要给我一百元的奖金，对不对？"

父："没错！"

儿："那恭喜你，你的钱可以省下来了！"

郜妈侃一侃

在出版界工作的“真”，向我提及他近日在阅读的，由日本趋势学研究者大前研一所撰写的，以研究日本近二十年来发展历程的一本书《M 型社会来了》。

他先跟我解释何谓“M 型社会”——

就是指在全球化的趋势下，富者在大赚全世界的钱，财富快速攀升；原本人数最多的中等收入阶层，除了一小部分能往上挤入少数的高收入阶层，其他大多数沦为低收入或中低收入，让原本的中间阶层凹陷下去，变得很小，使得原本呈橄榄型或倒 U

型的社会被分成了三块，左边的穷人变多，右边的富人也变多，中间这块忽然陷下去然后不见了，就像个被拉开的M字。

接着再提出在此书中令他读后产生惶恐不安的部分，是大前研一给自认为是中产阶级的人，提出了三个检测自己是否已沦为“下层阶级”的问题：

1. 是否有房屋贷款的压力（或是根本不敢购置房产）？

2. 你打算生儿育女吗（或是你连结婚也不敢）？

3. 你会忧心忡忡于孩子未来的教育费用吗（或是你连生孩子也不敢）？

“真”发现，在这三个问题中，他竟有两个答案是肯定的，符合了大前研一所言的，只要有一个答案是肯定的，就意味着你不算是或不再是中产阶级了，也就是说富裕和安定，正离他愈来愈远……

在阅读此书之前，“真”一直以为目前存在于钱财上的窘境，只是由于受到全球经济不景气和能源危机的影响，只要能咬牙忍一忍，好日子还会再回来，没想到这却是自己在不自知的情况下，渐渐要从中产阶级沦落到“下流社会”了。

虽然，大前研一这个研究是针对日本地区所作的，但由于这些年来中国大陆地区经济的快速起飞，目前最高收入及最低收入的群体差异高达10倍，而一般国外标准约为5 ~ 6倍左右；有69%的家庭年收入在3万~5万元人民币之间，因此同样需要面对在原地踏步就会变成中低阶层的威胁。

所以该如何去面对“M 型社会”的到来，应是中国 80 年代以后的人必须去提前思虑的事。

在书中大前研一也提出了一些应对之道，我根据其提出的方法做了一番归纳整理后，发现其中心精神其实就是只要肯抛开中坚社会里许多根深蒂固的观念，恢复传统“量力而行”的节俭消费习惯，每个人都可以选择适合自己的富裕生活形态。

而观察现今中国家庭的消费观念，花在孩子身上的钱往往占家中开销的最大宗，约占据了家庭收入的近 1/3，因为即便是供所有家人共享的消费品，在购买时也经常是以孩子的需求为考虑的重心，比如说在决定租房、购房、购车时，均是以让孩子能读好学校和方便接送孩子等因素为考虑点；子女的衣、食、玩、学，也常让父母“花钱不眨眼”。

因此，若想达到节流的目的，必须要去思考出一套“减法育儿术”。

我们先从养儿育女中花费最大的“学习费”来琢磨其省钱之道，就是将送孩子去上补习班的钱省下来，买上一部好一点的计算机，回家自己当老师。

相信看到我提出的这个建议，一定会有妈妈跳起来大骂是馊主意，反对的原因不外乎是“没时间”或是“没能力”教孩子，然而这真是主要原因吗?

先就以说“没时间”的妈妈来讲，其实去细想一下，平日花在接送孩子去上课与等孩子下课在外闲逛的时间，加起来就十分可观,因此“没时间”是否只是一种想在教育孩子上偷懒的借口呢?

至于说“没能力”的妈妈，那你可能是太小看自己的潜能，也缺乏“活到老学到老”自我成长的热忱哟。

当然也会有妈妈提出疑问：

“买计算机就可以自己当老师教孩子了吗?”

没错,不过前提是爸爸妈妈们必须先要去熟悉一些网络世界，善用这个新时代的工具，跟着孩子一起网络学习。

网络学习这些年来早已成为国际间最热门的学习方式，因为网络上有各式各样让学习变得更简单有趣的课程。

网络学习还有另一个最大的优点，就是可以依照适合自己的程度、速度与方式来学习。

目前在大陆地区，已经有许多孩子在借助网络来帮助完成作业。不过许多父母却不能接受这种求助网络的学习方式，认为这是孩子不肯自己去琢磨钻研问题，全仰赖求助于网络帮助去完成课业，是一种偷懒的学习方式。

父母的这种观点对也不对，因为的确有不少孩子在通过网络就可以轻松得到作业解答后，不肯再自己动脑筋去寻求答案；但也有家长认为网络是一种把教室延伸到课堂外，将老师请到家里授课的好工具。

会有如此天南地北认知上的差异，就在于做父母的有无花心思去真正了解网络学习，并让自己跟孩子成为一个网络学习的伙伴。

章爸爸不懂网络，但为了减少和孩子间的“数位鸿沟”，拉近亲子关系，而去学习、了解网络，并与孩子一起在网络上共同学习。结果研拟出一套既能防堵孩子只在网络上找寻答案偷懒取巧的心理，又能激励孩子学习积极性的方法，就是要求孩子自己当评分老师，也就是先自己做题，当碰到没有把握的题目时也要去完成，然后再上网去对照答案，或去听听别人的意见。

章爸爸同时订下了积分奖罚制度，就是经常对孩子进行抽查，若发现儿子利用网络教学偷懒取巧时，就要扣除十个积分；若能在网络上替人解题，就可以得到十个积分；若能全靠己力完成作业，也可得到十个积分，满一百个积分就可以“当爸爸”一日，享受做“儿子”的爸爸为他提供倒茶、按摩、陪玩游戏等服务。

当初只是想借着网络，跟孩子建立另一种沟通模式的章爸爸，完全没有料到在陪孩子一起“玩”网络时，竟激发出了孩子主动学习的热忱，并让孩子发掘出属于自己的有效的学习方法。

看到这里一定又会有爸妈出来呛声——

章家小孩这种情况只是少数成功的个案，不能被当作范例让家长学习。

那你一定没有看到，章爸爸之所以能成为那少数中的成功者，是在于他肯花时间与心思，去贴近孩子的“心”世界，肯放弃一切偷懒怠惰的借口，陪伴孩子在成长、学习的路上一起走，让孩子感觉到在学习的过程中并不孤独，能和父母一起互动和分享学习上的挫折与成功。

在孩子成长的过程中，无法单单只仰靠学校教育或既能学习就能成才的想法，能带给孩子最大影响的，其实是家庭教育中的耳濡目染。父母和家中长辈本身就是能告诉孩子社会的残酷面，并引导孩子如何突破困难、冲过险境，培养其经得起大风大浪考验的骨气和韧性的好老师。

因此不论是站在省钱或教育的立场，如果能用“减法教育”去减少孩子在外到处奔波学习的时间与金钱，“增加”孩子在家安心与父母一起受教，共同分享生活与学习上经验的时间，不仅能带来更亲密的亲子关系，也能让孩子从跟父母共同学习的过程中，体会到“活到老学到老”的学习精神。

郜妈老实招

该为孩子教育付出的，不是钱而是“时间”。

2 父母装白痴，孩子就聪明

郜妈爱说笑

大雪过后，张家的十三岁儿子虎子决定去帮邻居铲雪来赚取零用金，张爸爸要他先帮忙把自家门前的积雪清一清。

虎子：

“我清除家门口的雪，你会付我多少钱？”

张爸爸大怒道：

“你这可是在做自家的事！好，我让你凭良心来说我该给你多少钱好了！”

虎子一言不发地出门，把门口的积雪铲除干净后，走进家门，对父亲说：

“好，我已经凭我的良心把积雪给清干净了，现在你就凭良心来付我钱吧！”

郜妈侃一侃

一位在北京某大学任教的朋友感慨地说：

“现在的孩子真是太娇生惯养了！”

他会发出慨叹的起因是，他在学期初请班上的一些孩子去一家炸酱面馆用餐，当面端上桌后，竟有一个孩子口出“咦”的怪叹声：

“这炸酱面怎么跟我在家吃的不一样？”

原来平日他在家吃炸酱面都是妈妈替他拌好了才端给他吃，他从来没见过没被筷子搅拌过的炸酱面。

这位北京朋友非常的聪明能干，包括多种外语、拍照、中西医术、电器修理等许多本事都是靠自学而来，在“能”干之下，就往往因看不下去自己孩子和学生的“不能干”，而去“代”干了许多事。

我看着对孩子的不能干一边发出怨叹，却又一边替他们努力服务的朋友，彷佛看到了许多“勤劳”的中国父母，因为四肢太勤的养育方式，而培养出一群超级生活白痴的孩子。

“到小学六年级了小孩还不会绑鞋带，因为每天都是妈妈帮他绑好才出门，如果在学校鞋带松了，那一整天就拖着鞋带走路。”

“许多小孩只要是离家超过五百公尺就不认得路了，因为孩子到哪里都是由父母负责接送。”

不会剥水果皮、煎荷包蛋、铺床、缝纽扣、绑鞋带、认路之类的白痴孩子越来越多，会分担做家事的孩子更是“人间珍品”。

“写功课的时间都不够了，只要他们能专心把学习搞好，那些生活‘小事’爸妈能帮得上一手的就顺手包办了呗！”

但爸妈能做老妈子一辈子帮孩子吗？

一位台湾友人，曾陪同去美国哈佛大学读书的儿子做老妈子半年，后因另有一孩子需要照顾返回台湾。她才刚踏进家门就接到儿子的电话：

“妈妈，为什么我煮出来的饭是灰色的？”

原来吃了二十多年饭的儿子，完全不知道米在放入锅中煮前需要先经过淘洗。这个孩子后来学成归国，曾在他自己的租屋中亲自下厨做一整桌菜请客，我也在受邀之列，在酒足饭饱告辞出门时，他再三拜托我：

“千万不要让我妈妈知道我会做菜！”

因为让他妈妈知道他有如此“能干”后，回妈妈家就不能继续享受茶来伸手饭来张口的大少爷待遇啦。他还挤着眼睛对我说：

“还有，我要你帮我瞒着妈妈的原因，是考虑到妈妈如果知道我居然也能做她能干的事，她可是会有失落感的！”

但爸妈真的像孩子想的那么爱做吗？

像我唯一喜欢的家务事只有做菜，最不喜欢洗碗，其他清扫的工作也不喜欢做。曾问过许多做了爸爸妈妈的朋友，他们也各有喜欢或不喜欢做的家务事，但绝大多数的妈妈不论喜欢不喜欢做，还是会包办家里所有大小事，甚至包括孩子自己该做的事——如吃饭、穿衣、清理自己的房间……

我则是个被丈夫和孩子宠坏的懒妈妈，除了做饭外其他清扫工作都要等到我高兴做时才做。

看到我厚脸皮的话，大家一定想，郜妈的家肯定脏乱得可怕吧？

错，我家干净整洁的程度虽然不能打一百分，但八十分还是有的，因此许多朋友来家里做客都会问：

“家里有请菲佣来打扫吗？”（台湾目前的帮佣多是请价廉的外籍劳工。）

“不，是台佣——我丈夫和儿子打扫的。”

这不同以往“郜妈爱说笑”里的段子是发生在别人生活里的事，这可是郜妈家的真实案例。

当郜妈还是郜姑娘时，就常跟和我谈恋爱的公子们说自己的辛酸史：

“还没洗碗台高呢就被轮派要洗碗，只好踩着个小凳子洗。为了逃避洗那些油腻腻的碗盘，读大学时情愿去辛苦打工挣住宿费住校。”

其中有一位公子听进去了，发誓婚后一定让我“十指不沾洗碗水”，这就是我现在的丈夫。而结婚近三十年，只要他在家的日子，我真的没洗过一只碗一个碟子一根筷子一个汤匙。

既然碗都洗了，那桌子就顺便擦一下，地也顺便扫一下、拖一下，洗衣机里洗好的衣服也顺便拿出来挂一下，晒好的衣服顺便收一下、叠一下……

那部妈在家做什么？买菜、洗菜、做菜、跟孩子玩、跟他们一起吃东西看书看电视……也是很忙的。

后来丈夫工作越来越忙，经常要出国拜访客户，一出门常是十天半个月，家里不能没人洗碗和打扫呀，于是赶紧培养接班人，那就是当时年方六岁的儿子。

为了避免造成儿子如我般厌恶洗碗的情绪，我动了个狐狸心眼，就是把洗碗这工作设计成很好玩的游戏，既然是游戏就得有些道具，洗碗手套、洗碗精、洗碗布、洗碗盆，就是玩洗碗游戏的道具，带着儿子去大卖场挑选他喜欢的，顺便也可以教他认识分辨各种清洗用具的质量、价格（其实自己也同时学习）……

买好道具后就可以进行洗碗游戏训练大业了。

我将游戏场设到淋浴室，磁砖上先铺上一块旧的大毛巾（便于吸取泼出的油腻），再放洗碗盆，儿子就接手往盆里装水、添加洗碗精、洗碗。

小孩其实都爱玩水，尤其是加了洗碗精后可以打出好多泡泡的水，所以儿子洗碗洗得很高兴，当然期间有发生手滑将碗盘落到地上的时候，不过因为垫了毛巾，所以损失轻微。

碗碟洗完后，将泼沾了油腻的大毛巾用洗碗精搓一搓，洗澡间恢复清洁后，就可以让因玩洗碗游戏弄得一身水的儿子顺便洗澡了，将台湾“摸蛤兼洗裤兼着干”精神发扬光大。

三岁的小女儿则在一旁做见习生，在哥哥首肯下允许她偶尔插花一下参与游戏。

当然小孩子就是小孩子，新鲜感一过就会对洗碗这游戏有些意兴阑珊，然而已经培养出饭后要洗碗的习惯了，收了碗（收碗是洗碗游戏的前戏）不洗会觉得“怪怪的”。这是儿子后来当爸爸不在家时会自动补位洗碗的原因。

但爸爸在家时，他就立刻变得四肢不勤起来，因为爸爸会做。

扫地拖地是另外一个游戏训练。

一开始是从比较好玩的拖地开始，就是拷贝我自己小时候跟着姊妹弟弟在家拖地的愉快记忆——

每人发上两块半湿的抹布，踩在脚底下当做溜冰板，“咻咻咻”地从房间这头溜到房间那头，整块地都“溜”干净后，再发上一块较大的干布和一条绳子玩拉黄包车游戏——

轮流扯着绳子当车夫和坐在“抹布车”上当乘客。

为了让扫地、擦桌子、擦窗也让孩子觉得“好好玩”，就去买不同的清扫工具让他们去搞实验，还设立“清扫达人”奖，可记点、加分，集满若干点分可以换取不同奖励。

做菜是郜妈我最爱的游戏，本来不肯轻易放手让其他家人一起玩的，但由于我每年都有两三个月不安于家到处做旅行采访，只好放手大权旁落，让丈夫和儿女有篡位的机会。

当儿子还只比厨房锅台高那么一点时，我就让他玩“西红柿炒蛋”游戏，儿子番茄切得乱七八糟，蛋炒糊了，盐放多了，但还没有参与炒菜游戏资格的女儿却在艳羡之余给了“我挺欣赏哥哥炒的番茄炒蛋”的佳评。

儿子后来用电饭锅和烤箱发明了不少创意菜，女儿独自一人在上海读书时，也常在家办桌请客，所做的菜还颇受同学好评，被请教菜谱哩。

由于丈夫从事贸易工作，所经营的产品中有许多是专门外销到欧美的家庭用工具，耳濡目染下也学习到了老外他们那种“DIY动手做”的精神，儿子自然也被带得喜欢玩修理与做东西的游戏，木工、水电工、油漆工都别想赚到我们家的钱，甚至连家里面的画也是我和两个孩子一起“玩着玩着就装裱好了”。

我自认为替世界作出了很大的贡献，因为我替世界上某个女人和男人，培训出一对有极佳动手能力，不会造成婚姻中另一半负担烦恼的丈夫和妻子。

郜妈老实招

如果父母一点家事都不让孩子做，将来儿女长大后即便有时间，也往往宁愿出外打工赚钱，而不愿意帮忙做家务事。因此若不想替孩子做一辈子的“老妈子”，不让孩子变成连自己生活都无法自理的生活白痴，反而可以从做家务事培养出负责任、抗压力与生活创意的能力，不妨从孩子开始学走路后，就开始训练他捡玩具、把书放到指定的地方、拿碗筷、收衣服、做菜、扫地、洗衣、采买、参与家中设计布置等所有“家中之事”。

1. 必须先划分清楚何谓家务事和个人事务：如事关家中超过一个人以上的事务就是“家务事”，如清扫、买菜做饭等；但如果家中的狗猫是当初某个人坚持要养的，照顾狗猫的责任就是坚持要养的那个人的“个人事务”。

2. 每个人所担任的家务事可以有所变换：一方面可以让孩子借此接触学习到不同的家事，也可以减少重复做一件事的厌倦感，可两三个月更换一次。

3. 家务事最好能由父母陪着一起做：一方面是便于父母教导，二方面是避免孩子产生“大人指使小孩做家事”的不愉快的感觉。但千万要记住自己是“陪伴”者而非“主角”，所以手要放懒一点，嘴要放勤快些——多说些夸赞的话，少说些嫌东嫌西的泄气语。

4. 做家务事与给零用钱不要混在一起：否则年纪小会觉得做家事拿零用钱很开心，到长大后发现去外面打工赚得更多，又可以结交到朋友有更多乐趣时，就会不愿意在家做家务事赚钱了。

5. 当孩子课业较重时仍须要求他们做家务事：可以减少他们

做家务事的次数或分量，或偶尔因为当天课业太多或要考试由其他家人代做，但仍要坚持“做功课和读书不是没时间做家务事的理由”，让孩子学习将简单、体力型的家务事当成是运动，是让脑子得到休息、转换心情的一种方法。

3 选择多了等于没选择

郜妈爱说笑

男女朋友相约用餐，男看着餐牌问女想吃什么。

女：“随便。”

男：“那就吃海鲜好了。”

女：“太腥！”

男：“吃快餐。”

女：“太没情调！”

男：“那吃法国餐。”

女：“太贵！”

男的提出任何建议都被女的否决，男有点不耐烦地大声问：

“你到底想吃什么？”

女：“随便。”

郜妈侃一侃

女儿的台湾学姊毕业后面临回台湾、继续留在上海做研究生、去加拿大考中医执照，还是去美国拿移民签证的抉择。

同她一起毕业的内地同学都羡慕她能有如此多的选择，她却愁眉苦脸地说：

“选择多了反而等于没选择。”

乍听之下忍不住大骂：

“你这个死孩子真是身在福中不知福！难道你想过我们以前那种，只能有一条路直筒筒往前走，不容你做任何选择的日子吗？”

“只有一条路好走，反而会因此被逼得只有努力朝这条路走下去。不像我们现在路一多更让人心生彷徨。”

因为选择多了，更容易使自己迷失、不知道自己要的是什么。

因为有太多的选择，所以举棋不定、犹豫不决变成了大部分人的习惯。

看来有时侯没得选择往往会比有选择好，至少在教养孩子方面就可以看到许多例证。

如一些残疾人士的父母，他们在教养孩子上往往只有一个选择，就是希望培养孩子能有独立自主生活的能力，不要成为别人的负担，结果这种“专一”的教育法竟常能教养出非凡的孩子。

在中国就有一位因为孩子天生聋哑，父亲被“逼”得不得不用心去琢磨出一套赏识教育法，去开启自己“忽视孩子缺点、挖掘孩子优点”的眼睛，寻找出利用孩子视觉优势，以画面来带动口头语言，来让孩子学习认字，让孩子能喜爱上阅读。

然后把孩子喜欢阅读的行为，在他心中强化为“天才儿童行为”，让孩子不会因有不会说、听不见的缺陷而看轻自己。

甚至，为了增加孩子的信心而不惜贬低自己。

如在初学数学十题中仅做对了一题，父亲给她的不是责骂而是假装惊喜讶然地夸赞道：

“真是了不起，爸爸像你这么小时这么难的题目可是一题都答不出来的呢。”

当知道孩子上珠算课打算盘总垫底时，安慰且鼓励她：

“没关系，因为你没像其他小朋友一样去上课受过训练，爸爸像你这么大时，打得比你还要慢呢，你只要加紧练习就一定可以赶得上的。”

然后在孩子练习时只要有一点儿进步，做父亲的就会为她大声欢呼，让孩子因感受到成功的喜悦而乐于下苦功去学习。

在孩子刚学写作文时，做父亲的总是在仔细阅读后，将孩子作文中写得好的句子用红笔圈出来，然后在晚餐时把它朗读出来，并给予热烈的掌声，让孩子就此爱上了写作。

这个一出生就比一般孩子能力要缺上一截的孩子名叫周婷婷，后来成为大陆地区第一位聋人大学生，且在美国得到心理咨询硕士学位并获得 2001 年“中国十大时代女性”称号。

只是一名普通工人的周婷婷父亲周弘，为何能将有先天缺憾的孩子教育成神童？周弘的回答是：

“只要持之以恒地相信孩子行。”

很简单也是父母们都明白的道理，但为何绝大多数的父母却做不到呢?

其原因主要就是出在一般父母对于“正常”孩子的期待，往往不仅是单一的选择——只要能有独立自主生活的能力，不要成为别人的负担，而是希望孩子能成大功、立大业、赚大钱、光宗耀祖……有着许许多多不同选择的期待。

因为期待多而“花了眼”，对孩子的优点不是视而不见，就是在心高愿大下，总爱用天才的标准去给孩子评分，批评孩子这方面不行那方面要加强，再行的孩子在如此不断强化其短处的情况下，真的变成样样都不行的废物了。

郜妈老实招

要时刻提醒自己的一个字就是——放。

放心、放下，但不是放弃。

放下对孩子成绩名次的担心与要求，放心去接受孩子按照自己的速度或快或慢地长大，不放弃相信他有能力找到他发展的方向。

让自己回到“爱孩子的原点”，就是完全不以他的表现是否合乎我们的期待，以他在婴儿期时我们见他无处不可爱那样无条件地去爱他。

4 缺陷也是美

郜妈爱说笑

老师在向孩子们述说大自然的神奇：

“所有的生物如果有一个器官萎缩了，那么他的另一个器官便会因此而更加发达了。比如说耳力不好的动物，它们的眼力就会特别好，鼻子也会非常的敏锐。”

老师说到这儿停了一会问道：

“有谁能再举一个例子来说明呢？”

阿德举起手来说：

“我有一个住在乡下的姑妈，她有一条非常短的腿，因此她的另一条腿就特别的长。”

郜妈侃一侃

女儿的左小腿上有一道成人小拇指长的疤，是她三岁那年得急性骨髓炎开刀后遗留下来的，蚯蚓似的长疤中央还有一个很深的凹洞。

替女儿穿袜子时，常会刻意地将她的袜子往上提一提，以便遮掩住那道我认为难看的疤痕；还多次跟丈夫商量，等到女儿长大了就带她去做腿部的美容整形。

女儿却似乎不太在意自己腿上的那道疤，常常会因为贪凉而把袜子卷到脚踝将整个疤痕裸露出来。

有一次让她在家里招待一群小朋友，几个孩子相互炫耀着自己带来的玩具、吃食，女儿眼看要比输了，竟卷起袜子露出左腿上的那道疤说：

“我腿上有个酒窝你们都没有！”

小孩们顿时发出羡慕的赞叹，在一旁看戏的我也不由得在心里替女儿鼓起掌来。

因为按照医学理论来说，美丽的酒窝其实是一种脸部肌肉的缺陷，女儿腿上的凹疤也是一种肌肉的缺陷。只不过前者为天生的，是一般人眼中“美丽的缺陷”；女儿腿上的凹疤是后天手术造成的，是一般人眼中的残缺，是远远无法和美丽沾上边的。

但在孩子单纯童稚的眼中看来，凹疤和酒窝外形是如此的相似，只不过长的部位不一样罢了，都有值得重视、“别人没有你却有”的稀罕优点。

由女儿的“酒窝事件”，让我回想起曾在网络上看过的一篇《有着天使翅膀的男孩》的文章。这篇文章是描写一位背上增生两个肌瘤的小男孩洁生，由于这个残缺屡屡遭受到同学们捉弄取笑，因而在游泳课时洁生永远都是穿戴整齐地做壁上观。

直到遇见一位游泳教练在强迫洁生脱掉衣物时，发现了他背上的那两个肌瘤，惊愕之余灵机一动地将其美化称呼为“天使的翅膀”，跟其他孩子说洁生只是因为在由天使转变为人的过程中，上帝不小心忘了将他的一对翅膀收回去。

这位有着一对“天使翅膀”的男孩洁生，在经过游泳教练这番美化心灵的教育后，再也不惧怕在人前裸露身体彰显自己的缺陷，他不仅从此爱上了游泳，并成为一个杰出的游泳选手。

和儿女在一起观看《歌剧魅影》舞台剧后，谈论起剧中的男主角“魅影”。

“魅影”在剧中被塑造成一位才华横溢的学者、建筑师、音乐家、作曲家与发明家，但他却因半边的面貌毁了容，曾经遭受别人的嘲笑和排斥，故而把自己封闭起来，投入神出鬼没的非人生活，以威吓去胁迫别人对他的服从来获得操控别人的快感。

儿女皆替“魅影”觉得不值，儿子甚至引述圣经中的耶稣基督为例——

在圣经中耶稣投入自己为王的角色，便不受那些不了解他的人影响，只带着清晰的目标，去完成他来到这世上救世的任务。

“‘魅影’如果能像耶稣一样，不去认同旁人放大他仅占了他全人极少部分缺陷的角色，而能将他对自我的价值观判断放在他其他优点上的话，他就不会走向如此悲惨的一生了。”

女儿提及我曾讲述的“小公主”故事——

故事中的女主角撒拉是英国富商的女儿，从小爸爸对待她有如对待一位公主般，再加上她在印度长大，自小便听了不少与公主有关的美丽传奇故事，因此她也一直要求自己行为举止都像公主般的得体大方。

后来战争爆发了，她的爸爸被征调上战场，便把她寄放在一所学校读书与住宿，不久却因她父亲在战场上牺牲，无人再替她支付昂贵的生活与学习费用，视钱如命的校长便把她降为奴仆，让她住在阁楼每天去做粗重的工作。

但撒拉没有因为这些对待而感到自己像一个下人，每晚还是自修读书，坚持以公主的风范和尊严去做仆人的工作。因为在她的心灵深处，她所珍惜的记忆、所愿意认同的角色，便是自己曾经是她爸爸心目中的小公主。

撒拉也因在如此自我认同下，满怀着希望与勇气来面对许多黑暗的日子。

故事的终结是撒拉的父亲并没有过世，还成为了百万富翁，撒拉终于与他团圆，重获她名符其实的“小公主”身份。

“‘小公主’和‘魅影’两人都经历了拒绝和排斥，但‘魅影’选择负面的思维；‘小公主’则以正面思维来看待挫折。原因是‘小公主’有位给了她一个很正面的“角色”去认同的父亲，而‘魅影’却没有。”

儿女的话让我陷入沉思——

做父母的我们，如果不希望自己的孩子像“魅影”般走上歧途，而能像“小公主”般，无论在如何恶劣的环境下都能卓然挺立活出真我，做一个有影响力人的话，真的要谨慎去替孩子在心中培养起那光明、尊贵的自我角色认同啊。

郜妈老实招

不妨试着去抛开“常人”的眼光和思维，用单纯如孩童般的心念去欣赏孩子的缺陷。

5 我抠门，因为我爱你

郜妈爱说笑

一个化学老师在解释各种不同酸的特性，他拿出一枚硬币对学生说：

“如果现在我把这枚硬币扔进这个充满了酸液的容器里，你们相信这个硬币上的金属会因此溶解掉吗？”

学生群中发出一个回答声：“不会！”

老师：“为什么不会？”

学生异口同声地说：

“因为小气的你绝对不会为了做实验，而牺牲掉你的一枚硬币！”

郜妈侃一侃

儿子想要一双名牌球鞋，但他心里清楚，想让自己都是穿“菜市场牌”（就是在菜市场卖的便宜鞋）的妈妈拿出银子供他挥霍，是绝不可能的事，所以只好省吃俭用地努力存钱。却未料到在好不容易总算存到买鞋的钱，在选择鞋款鞋色时，居然还得经过没掏一毛钱赞助的老妈同意。

考虑到学校的规定，我看中的是一双纯黑的，儿子则基于年轻耍酷的心理，选择了一双颜色款式极出格的鞋。

我们母子二人互不相让各执所爱，在鞋店里就演出全本铁公鸡，我左手叉腰摆出标准茶壶状，铁青着脸说：

“给你两个选择，一个是去学校问清楚准不准许你穿这种鞋去上学，只要老师点头说行，我二话不说绝对让你买；但如果你现在就立刻想买鞋的话，就只能选纯黑或纯白的标准色。”

儿子却执意他的第三个选择：

“如果学校不准穿，我就在星期天打球时穿。”

他在说这话时声音虽无我这老妈来得雄壮威武，但在态度上却颇有项羽背水一战的决心。

在和儿子你来我往炮声隆隆地打仗时，孩子的爹和他妹妹为免受流弹所及，早就故作路人甲乙地逃得远远，只有那一心想要成交这笔生意的店员还留在现场，并且一点危机意识都没有地还在一旁替儿子助阵。

“对啦对啦，现在的小孩都是这样，上学时穿学校规定的，假日时又换上另外一双。”

我立刻把原本瞪着儿子的火炬眼转向店员：

“对不起，这是我家里的事，请你不要在旁边多嘴。”

火药味十足的话把店员吓得赶紧摸摸鼻子闪开，我在清除了那“路障”后再度把枪口转回儿子：

“你‘自己’的钱是哪来的？是你自己赚的还是天上掉下来的？不都是我们做父母的辛苦钱吗？我们能赚钱的人，在花每一分钱时都会去斤斤算计，你不会赚钱的人有什么资格去奢侈浪费？除非你能提出一套能说服我的用钱观。”

和我有多次短兵相接经验的儿子，心知肚明他这老妈“番起来可是六亲不认的，因此虽然气得眼珠子都突出来了，但在一时提不出有什么非买不可的高见下，只有一语不发地暂且退兵黑着脸走出鞋店。

根据以往的经验，我猜测他肯定会向他“好说话”的爹求援，于是先下手为强地警告丈夫：不准插手管闲事！

果然，儿子在一出店门后就粘向他父亲，嘀嘀咕咕地跟他咬耳朵，丈夫用戒慎恐惧的眼光瞄着我，悄声地用过来人的口吻向儿子劝说：

“儿子呀，所谓的‘人在屋檐下不得不低头’，识时务者为俊杰啊！”

儿子此时彻底觉悟到时不我予，只好认命地重新考虑我提出的“部二点”。

我们重返鞋店，那先前挨过我刮的店员见我们重新步入店内，不待吩咐就奉上儿子先前看中的那双鞋。我偷眼觑见儿子定定地看着那双鞋，脸上闪过一阵痛苦的挣扎，然后以壮士断腕的悲壮表情摇头拒绝道：

“不是这双，是那双黑的。”

店员在帮儿子试鞋时，我听到他悄悄地问儿子：

“你觉得你妈凶不凶？”

儿子轻轻地“嗯”了一声。

听到儿子的回应，店员拍了拍儿子肩膀，用同是天涯沦落人的口吻说：“我跟你讲，我妈妈跟你妈妈一样凶。”

付款时，我向店员道歉方才对他的无礼，他摇手又摇头地说：“哎呀，妈妈跟孩子吵架我们在店里常见的啦，你们还算好的哩，有许多甚至在店里面就打起来了呢！”

后来在价钱上，这店员不仅自动给儿子打了个大折扣，还随鞋附送给儿子许多配件。得了便宜的儿子乐不可支，一路上直感恩这位店员对他的照顾。

我清楚相信儿子也心知肚明，店员对于他的特别优待，很有可能是家有辣妈的同病相怜之心使然，但老狐狸我怎能让这教育孩子的时机白白错失掉呢，于是眼珠一转，想到了一个借力使力的招：

“你知道那位店员为什么会对你这么好吗？”

儿子红着脸小声说：

“大概因为都有一个凶恶的妈妈吧。”

我哈哈大笑起来，拍拍儿子的头说：

“我可不这么想，我认为呀，一定是那位店员觉得，和其他同年龄的孩子比起来，你可要明理懂事多啦！”

三年后，儿子升了大学拿到第一笔奖学金时，决定送我一双名牌球鞋，让我体会一下穿名牌鞋的感觉，以便扭转我的观念，其实穿名牌球鞋并不全然是虚荣也是健康。

我们一起逛到那家当年我们母子兵戎相见的鞋店，恰好又见到一对母子在为“到底该听谁的”而大吵大闹。

我和儿子在一旁袖手旁观，好似在倒片看从前我们母子的“战争场面”。

儿子说：“天呀，我以前也有那么‘番’过吗？”

我点点头。

儿子拍拍胸脯说：

“好在妈妈你也够‘番’，才能‘以番治番’。”

郜妈老实招

为了表示自己的“思想开放民主”，现代一些年轻父母常会不替孩子设限地顺应孩子许多要求，其实父母若没能适当地设限，反而会让小孩没安全感，从而选择用各种方式来试探父母管教的“底线”，看可以得到什么回应。

在面对孩子的试探时，做父母的需秉持着先说“yes”再说“no”的原则。就是先认同他的想法或感受，接着陈述对他此言语行为的不赞同，最后再提出其他的建议。

在与孩子短兵相接时，做父母的一定要严守“四不”：

1. 不使用语言或行为暴力。

2. 不要让孩子觉得自己被否定，而是单纯地对他言行的不认同。

3. 不去制定出合理的限制，让此事件停留在无效的恐吓。

4. 不提供孩子另外可行之选择。

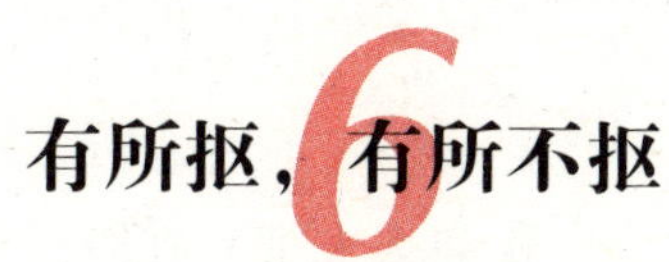

6 有所抠，有所不抠

郜妈爱说笑

阿东问爸爸：

“人民币两万元是很大数目的一笔钱吗？”

爸爸：

“不一定，这要看你说的是我辛苦赚来的薪水，还是你妈妈去百货商店血拼掉的钱。”

郜妈侃一侃

在博客上发表了《我抠门，因为我爱你》，得到博友们许多正面的响应，但其中有两封却是以很激烈的言语来提出反面的意见。

我转述其中一位的回应——

换我，就随他自己“酷”了。小孩子的梦想，自己能够努力去实现已经不错了，干吗要将大人的价值观强加给他呢？等他长大了，会不会为不曾“酷”过而遗憾呢？

我判断这封信八九不离十为一位年轻孩子所写，或是极爱孩子的父母。

虽然我在博客上给他作了回复，但仍觉得没有说清楚讲明白，我之所以会以自己的价值观来框住孩子用钱观的用心，以及后续的发展。

我和丈夫都是在匮乏中长大的。因为当我们年幼时台湾的经济还未起飞，大多数的家庭主食是地瓜签（将切成丝的地瓜晒干）加上一点点的糙米，只有任军职和在国营单位做事的人家，才能吃到带有陈霉味的八宝饭（即稗子、小石粒、老鼠屎、蟑螂、米虫等）。

幼年穷困的生活带给丈夫和我在教养孩子上不同的观念，丈夫对孩子在金钱上极大方，他的观念是："谁要他们命好，能有个让他们花得起的爸爸。"

我却坚持要对孩子实施"匮乏教育"，我的理由是：

"没有吃过赚钱苦的孩子，没有资格去提早享受用钱乐。"

用来说服丈夫认同我的"匮乏教育"理念的说法是：

"就是因为我们命不好，没有个让我们花得起的爸爸，才能培养出现在赚得起花得起的我们。更何况，你能保证自己能一辈子提供他们花得起的金钱吗？"

做父母的常只是出于一时的爱心，去"养大"孩子花钱的胃口，往往没有去替孩子作更长远的考虑——

有朝一日当孩子失去了让他花得起的"金库"，他为了要维持他的“不匮乏”，是否因此就会“为了钱什么都肯做”地犯下一些错误呢？

而在我家所实施的“匮乏教育”，并非是让孩子全然匮乏，并非样样抠门，而是有所抠有所不抠。

一定抠的是在穿着服饰上绝不盲从名牌，因此我从未替孩子买过什么外国名牌婴儿服饰，并且绝大多数的衣物，都是来自亲戚朋友孩子的“二手衣”、“三手衣”，但贴身的衣物绝对是选择纯棉的。

绝对花钱不眨眼的是买书、旅行、饮食与教育投资。我和丈夫经常带着被许多家长认为“这年纪带出去玩是浪费”的孩子到处走；文字少、价格又比文字书高几倍的外国绘本书，我常是整套去购买和订阅；我儿女上的小学是学费相当于一个大学生费用的民办小学，只因为这学校将孩子的品德与生活素质教育列为教育重点；饮食上不去俭省的原因，一方面是源于自己好吃，一方面是认为“良好的饮食是培养健康的基础”；另外让我舍得砸银子的还有在特殊日子带孩子去高级餐厅用餐，借此让他们学礼仪、见场面。

虽然女儿曾对我太早提供他们出外旅行、去高级餐厅用餐的“不匮乏”提出批评：

“让我失去奋斗目标，因为同学们打拼的动力，就是为了有朝一日可以到处旅行、上大餐馆吃好的，而这些我都已经提前享受过了。”

因为提前享受和拥有太多，反而剥夺了孩子期望的乐趣和向上的动力，这应该就是“不匮乏教育”的负面影响，也是我必须去思索在施行此教育时，定有其疏忽之处吧？

但还是希望我的用心能得到当初的期待——

希望女儿感受到由于旅行，让她有见多识广的眼界、勇敢不畏陌生之地的胆识；因为曾出入过高级场合，因而在面临大场面时能不失礼不惧生之际，能记得感谢我这老妈所曾给她这方面的“不匮乏”。

而我的“匮乏教育”后来也因受到孩子的“教育”有所修正。

比如说“名牌绝对浪费论”，就在儿子让我体会了穿好鞋子较舒服且有益健康，并且提出以他自身穿用名牌球鞋与普通球鞋耐用程度比较论后，让我开始不再一味认为“穿用名牌是浪费”。

幸而也看到“匮乏教育”在孩子身上所产生的正面影响——我的两个孩子没有一般孩子“只看牌子不看价钱品质”的毛病，他们会去购买些名牌物品，但他们也会拥有一把衡量价值和价格的尺度。

另外他们学会了比价。儿子在小学一年级时，就知道去看商品的净重、品质差异点，来评断某家产品是否真是物美价廉；出国旅行与读书时也不会盲目地血拼，因为在购买前他会三思“在国外买还是在台湾买比较划算”；读大学要交建筑作业时，会去思考用哪种较便宜的材质，可以做出与高价材质等同的效果。

女儿也在“匮乏教育”下，因为被强迫延后享受，而学会去思考——只是一时“想要”还是的确“需要”。

郜妈老实招

孩子的需求家长未必要事事满足，因为人的欲望是无止境的，不断地满足他们的所求所想，很可能会造成孩子的骄纵和依赖。

因此，在应允孩子请求前，必须先一停二看三听四想，去看看听听这些物品是否是生活学习上的“必需品”，再去思考衡量自己的经济能力和希望给孩子怎样的消费观，当然最好是能够跟孩子一起讨论沟通。

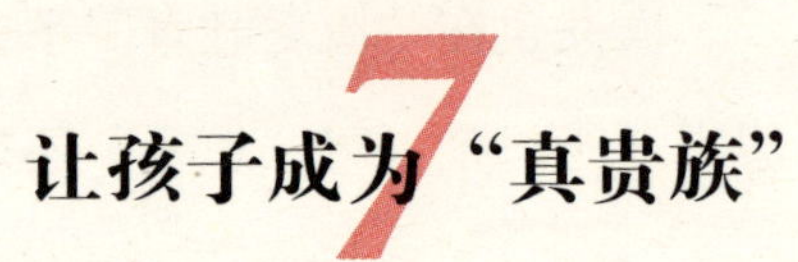

7 让孩子成为“真贵族”

郜妈老实招

观众在看完“名贵矮人秀”后，喊着要退票：

“身高足足有一米七，这那是名贵的小矮人？”

剧场经理：“就是因为他是世界上最高的小矮人，所以才‘名贵’啊！”

郜妈侃一侃

“咦，我没迟到啊，小咪妈怎么会准时到了？”

每个妈妈在看到神清气闲坐在餐厅的小咪妈时，都会吃惊地先抬手看看腕表，然后再以充满疑惑的口吻跟小咪妈打招呼。

大家会有如此的反应，是因为每次参加“五人十嘴”聚会时，小咪妈总是姗姗来迟。面对大伙的抗议，小咪妈的响应是：

“我也想早点来啊，可是出门前必须先把家里那三个小鬼给搞定……”

大家都害怕听小咪妈碎碎念她那三个“看了就想揍”的淘气孩子，所以只好对她习惯性的迟到习惯，对于她这次居然“破坏常规”地准时出席，反而让大家不习惯地想追究原因。

原来是她把家里的三个小鬼送去参加“马术夏令营”了。

汪汪妈听了下巴几乎惊落地张大嘴问：

“啊——你把孩子送去马戏团学马术表演？”

“不是送去马戏团，是借由骑马射箭的训练，来了解如何引导驯服马匹，而培养出领导统驭领袖能力的‘小贵族夏令营’。”

小咪妈在说到‘贵族’这两字时，特别把咬音加重了许多，还怕这说明不够突显这夏令营的高贵，又特别伸出戴着翡翠玉镯大克拉钻戒的左手，比出一个2字。

“每个孩子参加十天就要花上这个数呢！”

“2000？”（台币，约人民币500元）

“去，你以为是在二十年前的台湾啊！”

“20000？”同同妈吐出舌头说。

“你还是少报了个0，是200000！”（台币，约人民币40000元）

妈妈们一听，全都成了吊死鬼，舌头吐得老长。

“你暴发户啊小咪妈，烧钱也不是这种烧法吧？你还真相信孩子在夏令营里骑上那十天马，射上那几十根箭，就可以培养出什么领导统驭能力啊？那大草原上的那些天天骑马驯马的马倌，怎不见有哪个大企业挖他们做CEO啊？”

小咪妈被辰辰妈骂得脸上露出讪讪的表情，明明妈见了连忙出来打圆场：

“哎呀，现在那些商人啊，就是抓住了爸妈们疼孩子、希望孩子能出人头地的心，所以变着花样来骗爸妈掏钱。”

“没错，在我们办公楼门口，前些时候也见有人在发‘小小贵族高尔夫球夏令营’传单，鼓吹让六岁的孩子从小学习如何做贵族，一期 3 天活动就要 15000 呢。”

而据说这种 3 天就要献上台币 15000，10 天就要掏出 200000 台币的学习班，还只能算沾了点贵族的金粉屑，真正要打造纯金的贵族，还必须砸银子加上动用人脉，将孩子挤进贵族学校。

我有一位女友最近应聘至台湾一所建校超过半个世纪，培养出许多台湾富豪与权贵后代的贵族学校担任教职，据说当校方宣布要开办高中部时，18 个小时内，第一届学生立即招满。另外一所新近在台湾崛起的贵族学校“康桥双语中小学”，家长若想将孩子送入幼儿园，必须先进行网络在线登记，再经过面谈通过后，学校才寄发录取通知。

据说该校入学的门槛，首先就是必须户籍在学校所在地、屋价最低都要上千万人民币的高级别墅区。也就是说若没有能力购买豪宅的父母，即便是眼巴巴捧着一年二十余万人民币的学费，也无法将孩子塞进“豪门贵校”去。

台湾家长迷信“贵族教育”能培养出贵族孩子，大陆家长们也有如此的想法。

我曾伴随一位企业家夫人去参访设于上海浦东的英国德威公学分校，据说这座一年学费近二十万元的学校，在开学报名的第一天，就有上千封报名表涌来。

在上海还有一所设在动物园内的贵族学校“虹桥幼儿园”，园内学生来自三十个国家。为了满足这里不同国家小朋友的胃口，园方聘请五星级的四季饭店厨师烧菜。甚至连教阅读的外国老师，都有曾经在美国当小学校长十年的资历。黄皮肤的中国小朋友想要入学，门槛是除了一年十万元的学费外，还得要弄一张外国护照才行。

据大陆上海教委网站公布的信息，随着大陆这五年经济成长起飞、吸引全世界人才进驻，贵族学校如雨后春笋般蹿起。光上海，这五年新成立的国际学校或国际部，就有二十三所，比之前三十年加起来的数量还多。

为了让孩子能跻身贵族学校，在北京与上海还兴起了“贵族中介”这一行业，从事“贵族中介”的人，必须与一两家贵族学校高层保持良好关系，有办法穿针引线安排家长与学校高层吃饭见面、安排孩子入学。通常介绍一个学童入学成功的“中介费”约两万元人民币。

当然，家长争相将孩子挤入贵族学校，校方自有其吸引人之处，提早为孩子的将来建立人脉关系是其一；另外家长们也深信通过学校各种贵族化教育——打高尔夫球、骑马、学国际礼仪、去国外作旅游参访等教育培养，可以拓展孩子的视野，不会让下一代还像自己这么老土，只知道赚钱不懂得生活，能有个“贵族”的样子。

然而一窝蜂将小孩送入贵族学校，真能让孩子速成贵族吗？

没有能力进入贵族学校镀金的孩子，就绝对无法晋升入“贵族”阶层吗？

这或许是我们两岸父母应该去好好思考的一个问题。

郜妈老实招

贵族情怀，这是由内发自外的体现。速成不易，造作不易，它需要养成时间。有钱，见识场面、进入贵族学校，是方式之一。但这方式的背后，当然不只是拿刀叉与跃上马背，如果缺少深层的生活涵养，终究不过是假贵族。

培养孩子多读书、勤观察、常思考的习惯，就会成为“思想”上的贵族。

培养孩子知进退、有礼貌、讲仁义信用的人格美质，就会成为“品德”上的贵族。

培养孩子能发挥所长，寻找到自己所爱并能不畏艰困坚持所爱的人生目标，就会成为“生命”中的贵族。

8 管理好孩子的生活习惯

郜妈爱说笑

爷爷：

“豆豆，怎么哭得这么伤心啊？”

豆豆哽咽地回答：

“我地理考试没考及格，因为我忘记阿拉斯加在哪儿了！”

爷爷：

“你这孩子真是的，老是改不了丢三落四的毛病！你到现在还没找到那阿拉斯加，被你丢在哪儿了呢？”

郜妈侃一侃

初次到家里来的朋友，看到儿子的房间时都会说：

“到底是女孩子的房间，收拾得这么干净。”

我都会既得意又有点不好意思地说：

“这是我儿子的房间，我们家男女倒错，女儿的房间像个垃圾场。”

我对女儿房间的形容半点都没夸张，她的房间里不论是床上、地下都堆满了小山一般的衣物、书籍、文具、吃剩的零嘴点心……在她房间行走必须“跳跃前进”。

她的棉被从不折叠，振振有词的理由是——

起床叠好了，上床时还不是要摊开！

所以她棉被的形状不论是白日黑夜都呈“防空洞”状。

杂物就堆在被子上，晚上要睡觉时，就把杂物“扫”到地面上，第二天再制造一些杂物到棉被上。

起初会在忍无可忍之下帮她收拾，却往往好心没好报，因为将她“乱中有序”的“记忆”破坏了，让她找不到东西。其实她找不到东西概率之高，几达百分之百，但她也不着急，因为“总有一天它会出现”。

后来我就改用骂的办法，隔段时间就骂一次让她收拾房间，后来为了避免生气伤身干脆采取鸵鸟政策——

将她的房间化为“国土”外之地，不管、不进！

这样的孩子，她书包和衣服口袋紊乱的程度也就可想而知了。

在洗衣服前，如果忘了先清理女儿的衣服口袋，那洗出来的衣服，最好的结果是沾满了卫生纸屑，最坏的结果是衣物被水彩或色笔颜料点画加色；被粘上口香糖、糖果渣、面包蛋糕泥都还算“可以忍受”。

至于她的书包，你只要看了一遍，就可以明了古人所谓的“乾坤袋”——里面所有你想到或没有想到的东西通通都有！

所以她要在书包里找东西，不是用翻的，是用倒的，书桌上那小山就是她“倒书包”所完成的“造山运动”，找完东西后再把这座小山扫回书包。这书包里的小山伴随上学日的增加日益壮大，因为日积月累了许多考卷、废纸、美劳作品、书法美术用具、音乐课要用到的笛子等乐器、吃剩的早点食物……还有因为怕忘记带而干脆全部都塞进书包的所有课本和作业本。

每当大发脾气要她整理书包，隔几天就要轮到她大发脾气——

因为一些“明明记得是放在书包里的东西不见了”。

不想当让她“丢东忘西”归罪的对象，只好不管。

以为只有自己家女儿有这坏毛病，因此一直羞于启齿，直到一次去参加她学校的家长会，班主任语重心长地跟家长们说：

“虽然读书学习很重要，但孩子的生活习惯管理也同样重要。”

这才知道，女儿同班同学也是跟她半斤八两的不爱整洁。

比如说吃了一半的饭盒，可以大大咧咧地放在人来人往的班级走道上，大家也视而不见地在饭盒上跨来跨去；桌椅下面、抽屉、教室后的置物柜、班级走道上，有一堆堆由废弃的纸张、文具、书本、食物残骸所堆成的小山；有位同学更夸张，抽屉里居然还会爬出蛆来，因为不论吃剩的食物或其他乱七八糟的东西都往抽屉里塞，且从不去清理。

儿子却迥异于女儿的杂乱无章。走进他的房间，不仅触目所及整齐清洁，连放置于衣柜、抽屉里的衣物也井井有条，甚至小至一个橡皮擦、回形针、大小不一的玩具，他都有本事能将其集结整理得有条不紊。从他一上学开始，我就从没有替他收拾过书包，都是他按照课表带好书本，自己削好铅笔，上体育课、美术课、书法课的时候，运动鞋、衣服和彩笔都是自己整理收进书包内。

从没有过忘带上学用品的纪录，书包内置物也一直是整齐有序的，如笔盒内的笔，用过的和没用过的分得十分清楚，排列得整整齐齐；橡皮和尺子放置在固定的位置；不仅从来没有丢失过东西，还经常提醒我遗忘的东西。

记得他在升高三要参加大学甄试，我去跟他的辅导老师做选填志愿的咨询，老师在看到我带来的那张由儿子保管的长约 15 公分宽仅 5 公分、在高一时学校替学生所做的“性向测验评量表”纸条时，忍不住夸赞我对孩子的生活管理家教佳。我在开心“总算在儿子身上扳回点面子”之余，忍不住心里犯嘀咕——

同样教的孩子，为什么会差这么多?

女儿升大学后移住到上海，第一学年时我经常陪住，女儿乱七八糟过日子的习性仍不见丝毫改善，后来因为学校搬迁到浦东，离浦西家太远而改为住校，三年过后才再搬回浦西家中居住。

让人惊讶的是，经过了三年的住校生活，女儿在生活管理上进步多多，房间不再脏乱如垃圾场，书桌甚至衣柜抽屉都收拾得整齐清洁。

我在大感讶异下，忍不住探问促使女儿一百八十度改变的原因，女儿说：

“因为住校后有人教啊！”

“太可恶了，居然说这种没良心的话，我以前没教过你吗？”

女儿却给了我一个白眼，一口咬定我：

“没教，只有骂！”

“如果我没教，那哥哥他是怎么养成整齐清洁的习惯了？”

“因为哥哥天生就有那能力，很会收拾东西！”

“就算是天才也要靠后天的培训啊！”……

古人说“真理越辩越明”真是没错，在跟女儿你一言我一语地展开辩论时，我将记忆推回从前，发现我“真的”没对女儿像对儿子那般“把着手”去教导培养她许多生活管理方面的能力。

就以收拾东西这件事来讲，儿子小时不论是看完书、玩完玩具、起床、从外面归家、收回晾晒的衣物……我都会极有耐心地去一遍遍教导他把东西归回原位，而对女儿大概是基于以为可以“有样学样”地从哥哥处学习吧，所以就疏忽了对她的教导，没有给她“慢慢学习养成”的机会，只有责怪和“为什么哥哥可以你却不行”的比较、打击，难怪即便是同一个妈生与教养的，会培育出南辕北辙的孩子了。

所以真是应证了——没有不好的孩子，只有没好好教导孩子的父母。

部妈老实招

宁可减少孩子读书学习时间，也要管理好孩子的生活习惯。而培养孩子整理收拾东西的习惯，最好从孩子会玩玩具时就开始，让它成为一个游戏的“延续”，跟着妈妈一起“让玩具回家吃饭睡觉”。

所以将一些原来装饼干、糖果等物品的盒子留下来，作为孩子玩具的“家”，由妈妈带领孩子让玩具“回家”。当然一开始会花费比较多的时间，而且还是妈妈做的比较多，孩子常表现出似懂非懂的模样，但孩子会经过一次次的观察，记住和学习妈妈整理的方式。

整个学习的过程需要让孩子也觉得是一种游戏，做的不好时不会挨骂，做对时会得到“你做得很好哦”、“收拾得真干净啊”的夸赞；万一哪一天心情不好或太累不想收拾时，也不会被勉强要求做，或被责骂“不好好收拾下次不让你玩它了”……

总之，让孩子在学习收拾整理的过程中，永远得到的都是正面的夸奖和鼓励，习惯就在快乐的学与做中养成。

后记

先孩子之乐而乐

你快乐吗？

如果这句话是问一对新婚夫妇或初次喜获麟儿的父母，他们的答案多半是肯定的，因为生活中充满了新鲜感与满足感。

然而，伴随孩子的逐渐成长，做父母的往往开始丧失了追求快乐的自主能力，因为孩子的喜怒哀乐成了父母的喜怒哀乐，所有原本对于经济、社交、健康、娱乐、个人进修等为追求快乐生活的计划与理想，全都因为将所有生活重心移转集中到孩子的身上后，随之改变或消失了。

“这不就是为人父母该尽的义务吗？”

“这就是自然流露的亲情父母爱嘛！”

相信许多父母都会有如此的响应，但是如真是发自于没有条件的亲爱之心，为何还会对孩子有所期待？为何又会听到不少的父母会发出“养儿不能防老，养儿又有何用”的慨叹？为何常常爱得如此的愁眉苦脸，甚至痛苦不堪？

而做父母的，真的必须完全以孩子为自己生活与生命的中心，劬之劳之的奉献牺牲，才能称得上是好爸爸好妈妈吗？

在中国的电视剧或电影里，编剧们最爱使用的父母对“不孝子”说的一句“经典语”就是：

“早知如此，当初一生下你应该就把你给掐死！”

而在现实社会里，一些自认养了个不肖儿女的父母，也的确常会萌生——后悔生养如此孩子的念头，他们认为如果没有这个失败的孩子，他们的生活会更快活自在得多，因为至少不用去承受为孩子担惊受怕等种种情绪。

然而父母的不快乐，真的是要归咎于子女的不肖吗？

曾在电视台与广播电台主持过多年的亲子教育节目，接获不少父母或子女的信件与电话，出于好玩的心理，将最常出现在信件与电话里的语句作了个整理——

父母：

“我问他今天去了哪里，跟谁在一起，功课做完没，全是出自于爱他关心他为他好，他为什么不能明白呢？”

儿女：

“我感受不到爱与关怀，而是你关心的只是我功课做完没有，有没有乱跑出去玩，或跟你认为是坏孩子的朋友在一起。”

父母：

“我为了他，牺牲自己的休闲娱乐，不敢去逛街旅行，把许多应酬都推掉了，就是为了能多一点时间在家陪他。”

儿女：

“你们不要老是挂在嘴上念，你们为我牺牲了多少可以自己寻快活的机会，我并没有要求你们去做这些；我也不相信你们真是为了我而不想去玩，只不过是拿我做借口，推辞你不想参加的活动罢了。”

看到这里,做父母的你可能也会像当初我看到这些孩子如此“没有良心”的回应时那般的心寒。

然而你若肯将你自己移转到为人子女的地位，你可能就可以体会到，当父母将全部心力都集中在孩子身上时，孩子体会到的很可能就只剩下压力而非爱了。

一位在银行担任理财专员的朋友，近日很感慨地对我说：

“你不知道，一个活得不快乐的父母，会带给孩子多大的压力！我在看到天天都愁眉苦脸的我爸我妈后，你知道我有多害怕结婚和做妈妈！”

另一位节省了一辈子吃穿，只为能留给子女多一些遗产的朋友，则在回忆年幼时与父母相处的时光中，从来都没见着父亲展颜享用过一餐好食、一件好衣物时，立下决心在自己为人父母后，绝对不要走他爸妈生活的老路子：

“一定要舍得为自己花钱，去吃些好的、买些好的来穿来用，到处走走玩玩，让自己活得开心些，不要为了想留给孩子多一些遗产，而放弃追求自己快乐享受生活的权利。”

而有一个永远是把自己放在第一位的母亲“云”，则对自己的妈妈充满感谢：

“因为看到的永远是一位快快乐乐在追求自己生活目标的妈妈，所以我从来都不像其他同龄人一般怕老。”

父母永远是孩子的典范，是影响家庭是否快乐幸福的重要角色，有快乐的父母做学习对象，才能造就出快乐的孩子，才能让孩子在时时都能创造快乐泉源的父母陪伴下，感受到被幸福满满地包围。

无私的父母绝不会带给孩子长久的喜乐，反而会成为孩子未来的负担。因为为孩子牺牲太多的父母，不会有多余的心力去充实与开创自己的世界，不由自主地会将兑现自己梦想的期望寄托于孩子身上。一旦孩子达不到他们期待的标准，为人父母的焦虑、失望与生气，就形成了孩子沉重的压力。

一个妈妈必须要学会先满足自己快乐的需求，才能在心灵丰足后，产生能力去建立愉悦的亲子关系，不会因为自己过度付出，总觉得家人回馈不够而闷闷不乐。

想要你的孩子多爱你一点，更幸福一点吗？

请随时提醒自己——

做一个不放弃给自己追求“自我快乐权利”的另类妈妈！